하루 한 봉지씩 뜯어 보는 독서 라면

제주 4·3을 묻는 십대에게

하루 한 봉지씩 뜯어 보는 독서 라면
제주 4·3을 묻는 십대에게

세상을묻는십대

초판 1쇄 발행 2022년 3월 1일
초판 2쇄 발행 2022년 11월 5일

글쓴이   고진숙
그린이   이시누
펴낸이   이영선
책임편집 김영아

편집   이일규 김선정 김문정 김종훈 이민재 김영아 이현정 차소영
디자인   김회량 위수연
독자본부 김일신 정혜영 김연수 김민수 박정래 손미경 김동욱

펴낸곳 서해문집 | 출판등록 1989년 3월 16일(제406-2005-000047호)
주소 경기도 파주시 광인사길 217(파주출판도시)
전화 (031)955-7470 | 팩스 (031)955-7469
홈페이지 www.booksea.co.kr | 이메일 shmj21@hanmail.net

하루 한 봉지씩 뜯어 보는 독서 라면

제주 4·3을 묻는 십대에게

고진숙 글
이시누 그림

서해문집

최고의 라면에 도전하라!
현대사를 공부하는 가장 맛있는 방법!
역사를 보는 새로운 시각!

"이제는 지식도 끓여 먹는다."
"역사 공부는 사실 라면 끓이는 것과 같아.
끓이는 사람에 따라 라면 맛이 달라지듯,
역사도 사람에 따라 다르게 다가오지."
"어른들이 끓이지 못한 독서 라면,
지금부터 우리가 끓일게요!"

#끓는 물에 면과 분말수프 넣기
어긋남의 연속으로
과열되는 섬

#펄펄 끓이기
좀처럼 모아지지 않는
평화를 향한 마음

결

#끓인 라면으로 차린 미완성 식탁
여전히 진행 중인
치유와 회복

프롤로그

**#허기를 느끼다
제주 4·3이란?**

제주 4·3이란?

아, 한날한시에 이 집 저 집에서 터져 나오던 곡성 소리, 음력
섣달 열여드렛날, 낮에는 이곳저곳에서 추렴 돼지가 먹구슬
나무에 목매달려 죽는 소리에 온 마을이 시끌짝했고 5백 위도
넘는 귀신들이 밥 먹으러 강신하는 한밤중이면 슬픈 곡성이
터졌다.

– 현기영, 〈순이 삼촌〉, 창비, 2015

500여 귀신이 제삿밥을 먹으러 내려오는 날이라니! 이들은
같은 날에 세상을 떠난 것이다. 1949년 1월 17일, 제주도 조그
만 어촌 마을인 북촌리에서 벌어진 일이다. 도대체 한마을에서
500여 명의 사람이 한꺼번에 죽는 일은 어떤 경우일까?

놀랍게도 이 일은 1947년부터 7년간 제주도에서 벌어진 일의 한 조각에 불과했다. 그 기간 동안 제주도민은 약 3만 명이 희생되었다. 당시 제주도 인구의 10퍼센트나 된다. 일제강점기도 아니고 한국전쟁 때도 아닌 해방 후의 한국에서 벌어진 일이다.

해방 후 한국은 혼란스러웠다고 하고, 여기저기서 크고 작은 충돌로 사람들이 죽고 다쳤다고 한다. 그러나 어디에서도 제주에서만큼 놀랄 만한 학살극이 벌어진 적은 없었다. 그런데 왜 그때 하고많은 곳 가운데서도 제주도에서만 그런 비극이 일어난 것일까?

〈제주 4·3 사건 진상 조사 보고서〉에서는 4·3 사건을 이렇게 정의한다 ─ '1947년 3·1절 발포 사건을 기점으로 하여, 경찰과 서청의 탄압에 대한 저항과 단선, 단정 반대를 기치로 1948년 4월 3일 남로당 제주도 무장대가 무장봉기한 이래 1954년 9월 21일 한라산 금족 지역이 전면 개방될 때까지 제주도에서 발생한 무장대와 토벌대 간의 무력 충돌과 토벌대의 진압 과정에서 수많은 주민들이 희생 당한 사건'이라고 말이다.

　도대체 그때 제주도에서는 무슨 일이 있었던 것일까? 3·1
절 발포, 서청, 단선, 단정, 남로당, 무장대, 금족 지역, 토벌
대… 이런 말은 무슨 뜻일까?

#냄비에 물 붓고 불 켜기
끓을 수 있는 자,
모두 모이다

제주 역사 속
민란의 전통

아주 오래전 제주에는 탐라국이라는 독립국이 있었어. 탐라국
은 1105년에야 고려에 속하게 돼. 지방관이 직접 파견되기 시
작하자 그동안의 사정이 달라져. 전복, 귤, 말 등 제주의 독특
한 자연에서 나는 특산품은 인기가 많았지만 오히려 그 때문
에 제주 사람들은 고통받게 돼.

《삼국사기》의 저자 김부식은 제자에게 제주를 다스리는 구
당사 자리를 마련해주면서 이렇게 말해-'너는 가난하니 탐라
에 가서 한몫 챙겨 나오라'. 가난한 관리라도 제주에 오면 부유

해져서 나가는 전통이 이때 벌써 있었던 거지. 물론 제주 사람들을 생각해서 전복을 먹지 않았다는 제주 목사(관찰사 밑에서 지방을 다스리던 관리. 지금의 제주도지사)도 있었지만 드문 일이었어. 대부분은 제주 목사 3년이면 한양에 기와집을 산다고 해. 대동법이 실시된 후로도 제주만은 예외로, 편리한 화폐가 아니라 특산품을 직접 준비해 바쳐야 했어.

세금을 견디다 못한 남자들이 하나둘 뭍으로 도망치기 시작해. 그러자 인조 때인 1629년에 출륙금지령을 내려. 정부의 허락 없이는 제주를 떠날 수 없게 돼. 제주 사람들은 1833년까지 200여 년간 섬 밖과 교류를 할 수 없었지.

오랫동안 섬 밖으로 나가지도 들어오지도 못하다 보니 결혼도 섬 안에서 해야만 했어. 결국 섬 전체가 한 다리만 건너면 아는 사회가 되었지. 아는 어른을 만나면 무조건 '삼춘(삼촌)'이라고 해. 모두가 어찌어찌 친척일 가능성이 아주 높기 때문이지. 이걸 '궨당 문화'라고 해. 그래서 제주에서는 한 사람의 일이 제주 섬 모두의 일이 된 거지. 외지에서 온 관리에 맞선 민란도 마치 가족의 대소사처럼 모두가 참가했어.

외세에 맞선 최초의 민란은 고려시대 '양수의 난'이었어. 양수는 제주의 토호 가문(지역 유지 가문)이었는데 탐라 사람들을 이끌고 고려에서 파견된 관리의 횡포에 맞서. 이때 고려 정부는 이들의 요구를 들어주고, 민란의 주모자들인 **장두**[*]들만을 처형해. 민란에 참가한 사람들에겐 오히려 선물을 주며 달랬지. 모두가 참가하고, 장두의 희생으로 요구 조건을 얻어내는 제주 민란의 전통이 여기서 비롯돼.

조선 말기로 가면서 관리들의 횡포는 심해지고, 민란도 거세졌어. 1862년 제주 민란(강제검의 난), 1898년 방성칠의 난, 1901년 신축 민란(이재수의 난)이 연거푸 일어났지. 걸어갈 수 있는 사람들은 모두 민란에 참가했고 그 기억은 제주 사람 모두에게 남았어. 해방 직후까지 제주 사람들은 자신들의 요구를 주장하는 방식을 민란이라 생각해. 민주주의에 대한 경험이 없었으니까 말이야.

---

[*]   여러 사람이 서명한 청원장의 첫머리에 이름을 적는 사람.

제주는 마을마다 마을 수호신이 있어서 무려 1만 8000의 신들을 모시는 신화의 섬이기도 해. 출륙금지령으로 인해 신화를 비롯한 독특한 토속 문화가 그대로 살아남았고, 고유의 언어를 보존할 수 있게 되었지. 외지에서 온 사람들은 그런 제주 사람들을 미개하게 여겼어. 조선시대 제주 목사, 일제강점기 일본인 관리는 물론이고 해방 후 제주로 들어온 육지 사람들도 그랬어. 같은 나라 국민이고 같은 민족인데도 마치 식민지 사람 취급을 했어. 어쩌면 제주에서 벌어진 학살극은 그래서 아무런 거리낌 없이 벌어진 것일지도 몰라.

파송송
천재 소설가
재일 동포
이양지의
제주 이야기

"(모슬포 출신이신) 아버지는 고향 제주에서 있었던 얘기를 흥미롭게 전해주었다. 1901년 대정 지방에서 일어난 민란에 대하여 장수 이재수는 양 겨드랑이에 날개가 돋아 동쪽으로 번쩍, 서쪽으로 번쩍 번개처럼 날아다니며 일본 사람의 칼 아라카와 검을 휘둘러 천주교인을 죽였다는 얘기도 해주었다. 이 검은 다름 아닌 일본의 어장

주인 아라카와 류타로의 칼이라는 점도 일러주었다.

　또 고향 모슬포 앞 가파도에 일본 어부들이 상륙하여 어막을 짓고 일본 어부들이 제멋대로 전복, 소라, 해삼을 마구 채취할 뿐만 아니라 모슬포의 '신명물'에 나타나 물을 길어가면서 아녀자를 희롱하고 닭, 돼지, 개 들을 잡아가는 일이 많았다. 모슬포의 힘센 장사 다섯 명이 왜놈의 횡포에 대항하자 왜놈 한 사람이 일본도로 이만송을 살해한 끔찍한 얘기도 들려주었다.

　이밖에 제주의 의병 활동, 방성칠의 난, 강제검의 난 등을 닥치는 대로 들려주었다. 그녀의 아버지는 말솜씨가 대단하여 옛이야기를 엮어내는 재주와 실력이 어린 소녀를 매혹하게 하였다."

– 김찬흡, 〈제주 여인상〉, 1998

제주 사람들의 항일 운동

1876년, 제주에선 멀고 먼 섬 강화도에서 조선과 일본 사이에 조일수호조규(강화도조약)가 체결돼. 그것은 제주 사람들에게도 시련을 안겨주었어. 일본 어민들이 전문 잠수부를 이용해서 제주도 바다를 휘젓고 다녔고, 전복이 씨가 마를 지경이었지. 결국 해녀들은 고향을 떠나 먼바다로 물질을 하러 나가야했어. 한국, 일본은 물론 멀리 블라디보스토크까지 말이야. 이들을 '출가 해녀'라고 해. 고생은 이루 말할 수 없었지.

국권피탈 이후 제주 상황은 더 나빠져. 1913년부터 1917년까지 벌어진 조선총독부의 토지 조사 사업으로 많은 사람들이 경작지를 잃었거든. 그때 일본은 경제 호황이라서 노동력이 많이 필요했어. 그들은 가장 위험하고 힘든 일을 낮은 임금을 주고 시키기 위해 제주 사람들을 불러들여. 제주 사람들은 악착같이 일해서 번 돈을 고향에 보냈지. 그러면서 제주 출신 노동자들은 차별에 맞서 생존권을 지키기 위해 싸우기 시작했고 항일 의식이 싹터. 이들이 제주를 오가면서 제주도 항일 운동을 이끌어가게 돼.

세주의 항일 운동도 제주 민란의 전통을 그대로 이어받아서 지역 지도자가 앞장서. 면장과 읍장을 15년간 지냈던 사람이 비밀리에 미국에 보낸 〈한국 독립 요청 성명서〉의 민족 대표로 서명했다거나, 그 아들이 1920년 최초로 만들어진 노동 운동 조직인 '조선 노동 공제회' 창립 회원이기도 해. 또 면장 출신이 일제에 맞서 **자유 운항 운동**[*]을 주도하기도 하고 면장

---

*   일자리를 찾아 일본으로 가는 제주 사람들을 태워 가던 배의 삯이 터무니없이 비싸자, 동아통항조합을 만들고 돈을 모아 배를 사서 운영한 운동으로, 사회주의 자들이 주도했다. 1932년 당시 오사카에 사는 제주 출신 세대주의 전부에 해당하

의 형제, 자식들이 항일 운동을 하다가 투옥된 경우도 셀 수 없이 많았어.

물론 다 그런 것은 아니지. 원래 면장들 중에는 친일 경찰 출신이 많았어. 경찰들은 친일 단체인 일진회에서 추천한 사람들이었고 온갖 매국 행위와 민족 반역자 노릇을 일삼았어. 제주 사람들과 그들은 물과 기름처럼 겉돌았고 '일제 순사' 하면 치를 떨었지.

제주에는 빈부 격차가 거의 없었어. 다들 자기 밭을 조금씩이라도 가지고 있었고, 큰 회사나 공장도 없었지. 소작농도 없고 노동자도 없는데도 사회주의 운동이 가장 강했어. 당시 일본의 제국주의는 자본주의였고, 이것에 대항할 수 있는 유일한 이념이 사회주의였기 때문이지. 그들은 외세를 몰아내고 제주 사람끼리 평등하게 서로 돕고 사는 사회를 만드는 것이 사회주의라고 이해했어—"일제의 각종 수탈로 도민들의 삶은

는 1만 50명이 동아통항조합에 조합원으로 참여했다.

비참했습니다. 그러나 유교 사상이나 계몽 운동은 한계에 부딪혔고, 새로 유입된 사회주의 사상만이 독립운동에 유일한 힘이 됐지요". 이익우(제주 한림 주민), 〈제주신문〉, 1989년 9월 28일

　제주 사람들에게 항일 운동의 지도자는 중국에 있는 임시 정부도 아니었고, 미국에 있는 이승만도 아니었고, 만주에 있는 항일유격대도 아니었어. 일본과 제주를 오가는 사회주의자들이었고 사회주의 청년 운동가들이었어. 그들은 마을 사람들이 권리를 지키도록 돕고, 야학을 만들어 글을 가르쳐줬어. 마을 사람들은 그들을 존경하고 신뢰했어. 다른 지역은 항일 운동가들이 좌우로 나뉘고 다시 그 안에서도 갈래갈래 나뉘었지만, 제주는 하나로 똘똘 뭉쳤어.

　야학에서 글을 깨친 해녀들은 해녀 항쟁을 통해 일제에 맞서 자신들의 권리를 되찾았어. 글을 읽을 수 있는 것만으로도 인간의 기본권을 깨닫는 데 충분했지. 일본 내에서는 초등 교육이 의무 교육이었지만 조선에선 학교를 거의 만들어주지 않았어. 여학생이 학교에 다닐 수 있는 경우는 더욱더 드물었지. 일제 통치자들의 눈에 야학과 생존권 투쟁은 눈엣가시였

겠지. 항일 운동가들이 무더기로 체포되고 고문을 당한 후 투옥되었어.

그러고 나서 일제는 젊은 남자는 징병, 그보다 나이가 많으면 징용, 여성들마저 정신대로 끌고 가. 농기구, 제사 용구, 그릇 등도 징발해갔고, 공출이라는 명목으로 쌀은 물론 보리, 감자, 고구마 등 식량을 강제로 빼앗아갔어. 제주 사람들은 다시는 누구의 식민지도 되고 싶지 않다는 독립 의지를 불태웠지.

제2차 세계대전이 막바지로 접어들면서 미군이 필리핀을 함락하자 일본은 자기 나라를 지키기 위해 제주도를 방어 기지 중 하나로 하는 '결7호 작전'이란 걸 구상해. 이로써 제주는 한반도에서 유일하게 전장으로 변했어. 미국은 일본을 공격하러 가는 길목으로, 일본은 미국을 막는 방어막으로 삼았거든. 미국의 폭격기가 제주 상공을 날아다니는 날이 많았고, 무기 창고가 폭격을 받기도 했고, 육지로 피난 가던 배가 격침되기도 했어.

1945년 6월에 오키나와마저 함락되자 당시 제주도 인구의

3분의 1이나 되는 6만여 명의 일본군이 제주도로 몰려와. 해안가에 굴을 파서 어뢰를 숨겨두었다가 자폭하기 위해 특공 기지를 건설했지. 그리고 폭격기를 띄울 비행장을 만들고 **중산간 지역***에는 미로 같은 인공 굴을 만들어. 이 모든 공사에는 제주 사람들이 동원돼. 고생이 이루 말할 수 없었지.

일본군은 미군이 제주에 상륙했을 때 최후까지 싸우다 불리해지면 제주도민과 함께 자결하는 옥쇄 작전을 계획해. 남의 나라 전쟁에 희생될지도 모른다는 불안에 휩싸인 순간 거짓말처럼 전쟁이 끝났어. 히로시마와 나가사키에 원자 폭탄이 떨어지면서 일본은 더 이상 버티지 못하고 무조건 항복을 선언했거든.

---

*　제주에서는 해발 200~600미터 사이를 중산간 지역이라고 한다. 그 아래는 해안 지역, 그 위는 산간 지역이라고 한다. 해발 고도에 따라 완전히 다른 기후와 생활 환경을 가지고 있다.

제주 소년이 겪은 해방

"나는 태어나면서부터 우리말을 배웠고, 우리말로 의사 표현을 하는 데 아무런 지장 없이 자라났다. 그러던 어느 날 초등학교 입학 면접을 앞두고서야, 일본 말을 모르면 학교에 입학할 수 없다는 사실을 알게 되어 걱정을 하고 있었다. … 두 번이나 낙방하고 삼 수 만에 입학을 했으니, 그 시절의 초등학교 입학 문이 얼마나 좁았는지 짐작할 것이다. …

초등학교에 이렇게 어렵게 입학하게 된 나는 여러 가지 학교 방침에 철저하게 따라야만 했다. 학교 교문을 들어서자마자 직원실 앞 국기 게양대에 걸려있는 일본 국기 '히노마루'를 향하여 90도로 허리 굽혀 절을 하고, 절도 있게 걸어 들어가 동쪽에 있는 봉안정(신사)을 향하여 다시 한 번 90도로 절을 한 다음에야 마음대로 운동장을 뛰어다닐 수 있었다. …

교실에 들어가면 교실 정면에 일본 천황 폐하가 사는 황궁 입구 이중 다리 사진이 걸려있다. 그 사진을 향해서도 90도로 절을 하고 나서야 제자리에 가서 앉을 수 있었다. 학교에 등교

한 후에는 우리말을 사용해서는 절대로 안 되고, 만일 우리말을 쓰다 들키면 엄벌을 받아야 하니 늘상 말조심을 해야 했다. 또한 조회 때와 기념식 때에는 반드시 〈황국 신민의 선서〉를 소리 높이 합창해야 했다. 말하자면 '나는 일본 국민'이라는 뜻이다.

태평양전쟁(2차 세계대전)이 한창인 때였고, 일본은 동남아로 진군하여 '싱가폴'을 함락시켰다. 동네마다 축하 걸궁을 벌였고, 학생들에게는 고무공을 기념 선물로 나눠주곤 했다. 전쟁이 막바지에 이르자, 만주에 주둔하던 관동군이 제주도로 옮겨와서 제주 섬은 온통 일본 군인으로 가득 찼다. 우리는 제주 비행장을 조성하는 데 깔게 되는 잔디를 할당받아 등교할 때에는 잔디 다섯 장씩을 짊어지고 등교해야만 했다. 우리는 등하교 때조차 열을 지어 걸어야 했고, 일본 군가를 우렁차게 부르며 씩씩하게 행진했다.

전쟁이 막바지로 갈수록 제주 상공에서는 공중전이 벌어졌다. 제주 주정 공장은 폭격으로 불에 탔고, 목포로 가던 연락선도 공격을 받아 침몰하여 많은 사람들이 희생되었다. 어수선한 나날이 계속되던 여름의 어느 날(1945년 8월 15일) 일본 천황이 연합국에게 무조건 항복을 해서 우리나라가 해방되었다고 사람들이 기뻐서 춤을 추기 시작했다.

나는 갑자기 어리둥절해졌다. 어제까지 창씨개명한 일본 이름으로 불리며 일본 국민으로 살아왔는데 하루아침에 '현임종'이라는 우리말 이름으로 불리는 한국 사람이 되었다니 말이다."

– 현임종,《보고 듣고 느낀 대로: 현임종 회상기》, 2003

건국준비 위원회와 인민공화국

1945년 8월 15일에 일본은 **포츠담 선언**[*]을 수락하고 일본군의 무조건 항복에 동의했다. 여운형은 안재홍과

---

*   나치 독일이 항복함으로써 사실상 전세가 기울었고, 원자폭탄을 개발한 상태에서 일본에게 항복할 기회를 주기 위하여 1945년 7월 26일에 독일의 포츠담에서 미국, 영국, 중국 세 나라가 모여서 항복 조건을 약정하고 선언했다. 이것을 포츠담 선언이라고 한다. 일본이 이 선언을 거부하자 곧바로 히로시마와 나가사키에 원자폭탄이 투하되었다. 소련도 참전하자 일본은 결국 이 선언을 수락하고 항복했다. 포츠담 선언에 따라 일본은 1868년 메이지 유신에 의해 천황제를 중심으로 성립했던 일본제국이 무너지고, 일본국 헌법과 미일 안보조약에 바탕한 일본국으로 바뀌게 된다.

함께 조선총독부로부터 행정권을 넘겨받기 위해 건국준비위원회(건준)를 발족한다. 이튿날 안재홍은 라디오 방송을 통해 이 사실을 전 국민에게 알리고 빨리 건준 지부를 만들라고 호소한다. 건준은 엄청난 반향을 불러일으켰고, 8월 말에는 전국에 145개의 지부가 만들어진다.

그러나 충칭 임시정부에 대한 생각 차이 때문에 균열이 생겼다. 박헌영은 국내에 남아서 끝까지 항일 운동을 한 자신들만이 새로운 정부를 만들 자격이 있다고 생각했다. 충칭 임시정부를 기다려야 한다고 주장한 안재홍은 결국 건준을 탈퇴했다.

미군이 남한에 들어오기 직전, 행정권을 넘겨받을 생각으로 박헌영은 서둘러 건준을 해체하고 조선인민공화국(인민공화국)을 선포했다. 여운형도 충칭 임시정부는 망명 정부로 국내에 조직이 없지만, 인민공화국은 건준에서 출발해 전국적인 조직을 가졌기 때문에 미군으로부터 행정권을 넘겨받을 주체로 가장 알맞다고 생각했다.

그러나 인천항에 상륙한 미군은 충칭 임시정부도, 인민공화국도 인정하지 않고 직접 남한을 다스리는 미군정을 실시할 것이며, 미군정의 동반자는 일제 관료들이 될 것이라고 말했다. 인민공화국은 미군에 의해 파괴되기 시작했다. 그때까지만 해도 여론조사에서 여운형과 박헌영의 지지율이 이승만, 김구보다 압도적으로 높았다. 그러나 충칭 임시정부를 비롯한 민족주의자를 건국의 파트너로 인정하지 않은 대가로 미군정으로부터 집중 탄압을 받으면서 서서히 고립된다.

한편 건준이 인민공화국을 탄생시키고 사라지자 지방에 있던 건준 지부도 인민위원회로 이름을 바꿨다. 미군정도, 일제 관료도 손길이 미치지 못하는 지방에서는 행정과 치안의 공백 상태를 인민위원회가 메워갔다. 138개의 시군 가운데 128개의 군에서 인민위원회가 조직되었고, 그중 69곳의 인민위원회가 실질적인 지방 통치를 담당했다. 적어도 3주간은 인민위원회가 남한에서 유일한 과도 정부였고, 경쟁자가 없었다. 이들은 스스로 자치적인 행정 능력을 보여줌으로써 이후 미군정이 직접 지배를 선언했을 때 갈등의 요소가 되기도 했다.

1945년에 세워진 단체인 '조선인민공화국'은 1948년 북한에 세워진 정부인 '조선민주주의 인민공화국'과 이름은 비슷해도 완전히 다르다. 하지만 이로 인해 인민이란 단어는 **좌익**[*] 용어로 낙인이 찍혀버렸고, 대한민국 헌법에서 인민 대신 국민이 채택되었다.

국민과 인민은 엄연히 다른 개념을 가진 다른 단어이다. 영어로는 각각 nation과 people이라고 한다. 독일어를 제외하고는 둘은 다른 단어이다. 제헌헌법 초안을 만든 유진오는 이에 대해 "국민은 국가의 구성원이라는 뜻으로 국가우월주의의 냄새가 풍기는 반면, 인민은 국가도 함부로 침범할 수 없는 자유와 권리의 주체를 의미한다"라며 아쉬워했다고 한다.

---

*   원래는 프랑스 혁명 후 의회에서 좌측에 진보주의자가, 우측에 보주주의자가 앉은 것에서 유래했다. 능력주의, 개인의 자유와 책임이 우파의 가치이고, 평등주의, 사회적 연대와 책임을 추구하는 것이 좌파라고 할 수 있다. 항상 한 사회에는 진보적 가치와 보수적 가치를 추구하는 두 집단이 있어서 이들의 절충에 의해 사회가 균형을 잡는다.

해방을 맞이한
제주

라디오에서 일본 왕의 항복 소식을 들은 사람들은 믿기지 않았어. 정말 도둑처럼 해방이 찾아왔거든. 그렇지만 일본군들은 여전히 일본도를 옆에 차고 길거리를 돌아다녔고, 심지어 모아두었던 귀중한 쌀도 태워버리는 만행을 저질러. 해방을 실감하기 어려웠지.

징용, 징병으로 제주를 떠났던 사람들이 하나둘 돌아오면서 조금씩 해방이 실감되기 시작했어. 제주는 다른 지역보다 귀환자 수가 엄청나서 무려 6만 명이나 되었어. 제주 사람 수가 고작 22만 명인데 말이야. 그런데도 신기하게 거리를 나도는 부랑자 하나 없었어. 당시 제주에 취재하러 왔던 신문 기자들도 놀랄 정도였지. 남한만해도 해외에서 돌아온 100만 명 가까운 귀환 인구로 거리에 실업자와 부랑자가 넘쳐나서 사회적인 문제가 되고 있었거든.

건국준비위원회는 제주에서도 만들어져. 제주를 사랑하는 사람들은 전부 건국준비위원회에 모였고 얼마 안 되는 친일파들은 꼭꼭 숨었어. 서울에서 건국준비위원회가 인민공화국으로 바뀌자 제주에서도 인민위원회가 만들어져. 제주 사람들은 인민위원회를 독립된 나라의 자치 정부라고 생각해. 인민위원회 지도자들은 대부분 일제 때 항일 운동가들이었어.

1945년 9월 9일, 주한미군 사령관 존 하지 중장은 조선총독부 총독에게 항복 문서 서명을 받아. 그리고 게양되었던 일장기가 내려지고 성조기가 올라가면서 마침내 남한 미군정 시대가 개막돼.

일본군이 그 어느 지역보다 많이 주둔해있던 제주에도 무장 해제를 위해 미군이 들어와. 일본군은 처음 미군이 인천으로 들어올 때 한 번 그리고 제주에서 또 한 번, 이렇게 총 두 번의 항복식을 치러. 그만큼 제주에는 일본군이 많이 있었고 위험했지. 그들이 가진 무기도 어마어마했어. 그걸 바다에 버리고 땅에 파묻었지. 그리고 일본군도 떠나기 시작해. 해방된 지 거의 석 달이 지난 후의 일이야.

제주 미군정은 도민들과 한 몸이 된 인민위원회의 도움 없이는 아무것도 할 수 없었어. 당시 한국인들은 해방이 되자 석 달 만에 무려 200개가 넘는 정당, 단체를 만들었지만 제주에서는 인민위원회가 거의 유일한 정당이었어. 남한의 다른 곳과 달리 미군정과도 순조롭게 공존해.

당시 미군정 요원이었던 그랜트 미드는 이렇게 말했어-"제주도 인민위원회는 이 섬에서 하나밖에 없는 정당인 동시에 모든 면에서 정부 행세를 한 유일한 조직체였다". 제주 사람들은 미군이 제주로 들어왔을 때 성조기를 들고 환영해. 일본군을 몰아내줄 해방군이라고 생각했거든. 그러다 점점 보이지 않는 금이 가기 시작한 것은 보리 공출 때문이야.

제주의 토지는 벼농사에 적합하지 않아서 쌀은 거의 생산되지 않았고, 사람들은 대부분 보리나 조, 콩 농사에 의존했어. 그것마저 해방 이후 흉년이 들어 수확량이 반에도 못 미쳤지. 제주 사람들은 칡뿌리를 캐다 먹거나 해산물로 겨우 끼니를 때웠어. 곡물이 없어서 보릿겨를 톳에 섞은 톳밥이 유행하기도 해. 돼지 사료를 먹기도 했어. 해외에서 돌아온 사람들로 인구는 늘어난 데다 콜레라마저 겹쳤어.

미군정청은 이런 것들로부터 한국인을 지켜줄 의무가 있었어. 유일한 주권자라고 선언했으니까 말이야. 하지만 기대와는 다른 일이 벌어져. 보리를 공출한다고 한 거야. 제주 사람들로서는 청천벽력과 같았어. 해방된 나라에서 다시 공출이라니! 일제에 맞서서 싸우며 다시는 식민지가 되지 않겠다고 다짐했던 이유 중 하나가 공출이었거든. 제주 사람들은 인민위원회와 힘을 합쳐 보리 공출을 반대하기 시작했어.

미군정 시대

일본의 무조건 항복 선언이 있고 난 후 북위 38도선 이북에선 소련군이, 이남에선 미군이 일본군의 무장 해제를 담당하기로 했다. 일본군의 무장 해제가 이뤄지면 38선은 사라져야만 했고, 주둔군의 임무도 끝나야만 했다. 하지만 결과는 그렇지 못했다.

일본에 들어간 미군은 군국주의적인 전쟁 기구들을 폐지했고, 전쟁 범죄자들을 처벌했다. 또 재벌을 해체하고 토지 개혁을 실시하는 등 민주적 개혁을 단행했다. 점령의 목적이 영토 병합이 아니었기에 일본의 주권은 부정되지 않았다. 군사 정부도 설치하지 않았다.

반면 엉뚱하게도 남한에 군사 정부인 미군정이 설치됐다. 이로써 1945년 9월부터 1948년 8월까지 3년간의 미군정 시대가 시작되었다. 군사 정부는 민주적 절차에 따라 의사를 결정하지 않는다. 군사적 효율과 상부의 명령이 우선이다.

1945년 10월 10일에 미군정 장관 아널드는 성명을 통해 한국인들이 만든 조선인민공화국, 충칭 임시정부 등은 인정하지 않는다고 발표했다-"남한에는 오직 하나의 정부밖에 존재하지 않는다. 그것은 맥아더 원수의 포고령, 하지 중장의 일반 명령, 군 정부의 민정 명령에 근거하여 창설된 정부이다".

한국인들의 자주적 독립운동 역사는 부정되었다. 충칭에 있던 임시정부 요인들은 개별적으로 귀국해야 했다. 주한 미군은 유일한 합법 정부로서 입법, 사법, 행정을 장악했다. 모든 식민지 통치 기구들은 그대로 두고, 식민지 관료도 그대로 등용했으며 친일파 청산과 토지 개혁 요구는 묵살했다.

한국인들은 일제강점기 내내 신간회 결성, 임시정부 구성, 광복군 결성 등 좌우합작을 통해 민족의 독립을 우선했다. 그러나 미군정은 일본에서는 좌익들을 민주주의의 파트너로 인정했지만 한국에서는 불법화했다. 이로 인해 좌우 갈등이 폭발했고, 대구 10월 항쟁, 제주 4·3 등 수많은 현대사의 비극이 이 시기에 일어났고, 분단이 고착화되었다. 전범 국가 일본 대신 엉뚱하게도 우리 민족이 벌을 받는 일이 벌어졌다.

미군정은 한편으로는 좌익 진영을 철저하게 탄압하였고, 다른 한편으로는 미국에 우호적인 과도 정부를 만들어 정부 기능을 넘길 생각이었다. 그래서 남조선 입법의원 선거를 하고 남조선 과도 정부를 만들었다. 그러나 이마저도 주한미군이 거부권을 가지고 있었고, 그들이 미군정 내내 실질적 지배자이며 주권자였다.

군사 점령을 하더라도 식민지가 아닌 한 주둔지 국민의 주권은 인정하는 것이 국제법상 관례였던 것에 비추어 볼 때 미군정의 행위는 주권재민의 원칙을 무너뜨린 과도한 주권 행사였다는 것이 분명하다. 따라서 미군정 기간에 발생한 사건에 대한 책임도 그만큼 더 크다고 볼 수 있다. 특히 제주 4·3은 미군정 시대에 시작되었고, 한국 정부 수립 이후에도 작전 지휘 통제권을 가지고 있었던 점에서 미국은 책임을 면하기 어려울 것이다.

포고령

계란탁

조선총독부의 항복 문서에 서명을 받은 직후인 9월 9일에 연합군 사령관 맥아더 장군은 포고령 제1호, 2호, 3호를 잇달아 발표했다. 이것은 남한 미군정 헌법과 같았다.

포고령 1호는 미군은 점령군의 지위로 한반도에 들어가게 될 것이며 영어를 공용어로 사용한다고 했고, 포고령 2호는 미군정에 반대하는 사람은 용서 없이 사형이나 그 밖의 형벌에 처한다고 했다. 포고령 2호 위반으로 체포된 경우는 미군정 법정에서 재판을 받았다. 그리고 50년 만에 통행 금지를 부활시켰다.

영어를 공식 언어로 삼음으로써 미군정은 결국 한국인들의 통역에 의지하고 민심을 외면할 수밖에 없었다. 이것을 통역 정치라고 한다.

계란탁

남조선 과도 입법의원과 과도 정부

좌우로 나뉘어 전국이 들끓는 가운데 제1차 미·소 공동위원회(미소공위)가 1946년 3월 20일 개최되었다. 새로운 임시정부 안에 서로 자신들에게 우호적인 정당과 단체를 더 많이 넣으려고 미국과 소련이 한 치의 양보도 없이 싸우다가 미소공위는 중단된다.

미군정은 남한만에라도 미국과 친밀한 정부를 세울 생각으로 극우와 극좌를 배제한 좌우 합작 운동을 벌였다. 어차피 극우파들은 미국에 우호적이므로 중도파들에게 미군정을 이양하면 친미 정부를 만들 수 있다는 생각으로 입법 기구인 '남조선 과도 입법의원'(입법의원)을 설치하고 '과도 정부'를 구성했다. '과도'란 말이 붙은 이유는 한국의 정식 의회와 정부가 만들어지기 전까지 미군정이 한국인에게 입법과 행정 업무를 일부 넘겨준다는 의미이다.

총 90명으로 구성되는 입법의원은, 하지 장군이 직접 임명하는 관선의원 45명과 지역에서 선거를 통해 뽑는 민선의원 45명이었다. 입법의원 의장에는 김규식이 당선되었다. 제정된 법령은 군정 장관의 동의가 있어야만 효력이 발생하였다. 여전히 남한에서 최고 권력 기관은 미군정이었다. 미군정은 친일파 처벌법이라고 할 수 있는 '부일 협력자·민족 반역자·전범·간상배 처단 특별법'도 폐기해버렸다.

1947년 2월 한국인 관리들의 수반인 민정 장관에 안재홍이 임명됨으로써 과도 정부도 정식 출발했으나, 역시 미국인 고문이 거부권을 가지고 있었으므로 미군정이 최종적인 주권 행사를 한 점에서는 변함이 없었다. 과도 정부의 고급 관리 중 90퍼센트는 조선총독부 출신이거나 친일 관리들이었다.

모스크바 3국 외상 회의

1945년 12월 16일부터 12월 25일까지 모스크바에서는 2차 세계대전 이후 문제를 처리하기 위해 연합국 중 미국, 영국, 소련의 외무상들이 모였다. 이것을 모스크바 3국 외상 회의라고 한다.

회의 결과가 나오기도 전에 〈동아일보〉는 이런 기사를 실었다-"소련은 신탁 통치 주장, 미국은 즉시 독립 주장, 소련의 구실은 38선 분할 점령". 완선한 오보였지만 이로 인해 한국 사회는 완전히 엉망진창이 된다.

해방 전부터 미국은 한반도에서의 신탁 통치를 일관되게 주장했고, 장제스의 중국(지금의 대만)이나 소련은 반대해왔다. 모스크바 3국 외상 회의에서도 미국은 신탁 통치 기간을 10년으로 하자고 제안했고, 소련은 연합국들에게 자주적 정부의 즉시 수립을 돕자고 제안했다.

다른 식민지 국가들과 마찬가지로 한국에서도 끝까지 항일 운동을 벌인 사람들은 대부분 사회주의자들이었다. 일제가 자본주의 국가였기에 자본주의를 지지하는 사람들은 일제에 협력하거나 친일파가 되었다. 그러다 보니 해방 후 한국에서 사회주의자들에 대한 지지는 절대적이었다. 따라서 소련은 당장 정부를 수립하는 것이, 미국은 되도록 시간을 버는 장기간의 신탁 통치를 하는 것이 자신들에게 유리했다.

미국과 소련이 타협한 결과가 미·소 공동위원회를 설치하여 조선민주주의 임시정부를 수립하고, 이를 지원할 최대 5년간의 신탁 통치였다. 하지 장군이 말했듯이 신탁 통치는 임시 정부가 제안하고 연합군 4개국이 동의하기만 하면 받지 않을 수도 있고, 받는다고 해도 최대 5년일 뿐이었다.

하지만 〈동아일보〉의 기사는 이런 사정을 냉정하게 볼 기회를 앗아가버렸다. 국민들은 신탁 통치를 받으라는 것은 다시 식민지가 되라는 말과 다름없다고 여겼다. 좌우익을 망라하고 즉시 반탁(신탁 통치 반대) 운동에 들어갔다. 미군정의 고문이기도 한 한민당의 지도자 송진우는 좀 냉정하게 사태를 보자는 말을 했다가 이튿날 암살되었다. 아무도 반탁 운동을 반대할 수 없는 분위기로 격앙되어갔다.

처음 〈동아일보〉 보도 직후 좌익 진영에서도 신탁 통치를 반대했다. 그러나 결과가 정확하게 전해지자 임시 정부를 즉시 구성하는 것이 대중들의 지지도가 높은 자신들에게 유리하다고 생각하고 모스크바 3국 외상 회의 지지로 돌아섰다. 그것은 해방 후 주도권을 쥐고 있던 좌익 진영을 궁지로 몰아넣을 기회를 우익 진영에게 제공했다.

반탁 세력은 모스크바 3국 외상 회의 지지가 소련에 나라를 팔아먹는 일이라고 만드는 데 사활을 걸었다. 결국 우익 진영은 '반탁은 애국, 친탁은 매국'이란 등식을 성립시켜냈다. 거듭된 오보가 반복되고, 잘못된 정보는 빠르게 퍼져나갔지만 미군정은 침묵했다. 국민들은 걷잡을 수 없이 반탁, 반소 정서에 사로잡혔다. 나중에야 오보를 바로잡았지만 미군정으로서는 손 안 대고 코 풀듯이 하루아침에 좌익 세력을 수세로 몰 수 있었다.

반탁 운동에는 친일 혐의에서 자유롭지 못한 우익과 충칭 임시정부 세력이 앞장섰다. 반탁 운동 결과 친일 세력들이 하루아침에 애국자로 둔갑하는 마술이 벌어졌다. 충칭 임시정부 세력은 국내에 세력이 없다시피 했기 때문에 반탁 운동으로 자신들의 세력을 확장하고, 전통성을 인정받아 주권을 넘겨받을 계획이었다. 김구는 '반탁'의 상징이 되었고, '반탁' 하면 김구를 떠올리게 되었다.

반탁 운동은 국민을 두 동강 내버렸다. 이제는 통일 정부 수립이 이루어질 수 있을지 알 수 없는 상황 속으로 빠져들기 시작했다. 친일파 청산, 토지 개혁, 민생 문제 등은 뒷전으로 밀리고 오직 반탁이냐 아니냐로 나뉜 채, 우익과 좌익은 신물 나는 정치 싸움만 해댔다. 일제강점기에는 독립을 위해 기꺼이 손을 잡았던 좌우익은 더 이상 같은 땅을 함께 디딜 수 없는 사이가 되어버렸다. 좌우익이 손을 잡고 함께 인민위원회를 만들었던 지방으로까지 분열이 확대되었다. 서로를 인정하지 못한 결과는 분단이란 비극이었다.

#끓는 물에 면과 분말수프 넣기
어긋남의 연속으로
과열되는 섬

미군정과 점점 멀어져가는
제주 사람들

남한 미군정이 인민공화국을 용납할 수 없다고 한 후 제주 미
군정도 차츰 제주 인민위원회와 거리를 두기 시작해. 먼저 제
주도를 경상북도, 전라남도와 같은 도(道)로 승격했어. 그때까
지 제주도는 행정 구역상 전라남도에 속한 섬으로 하나의 군
과 비슷했거든.

　인구가 고작 30만 명에도 못 미치는 작은 섬을 도로 승격
한다는 것은 말도 안 되는 것처럼 보였지. 하지만 미군정 장관
이 직접 제주에 내려와서 동네마다 걸린 인민위원회 간판을

보고 난 뒤 마음을 바꿔먹고 승격을 승인해줘. 그 결과 해방 후 꽁꽁 숨어있어야 했던 친일파들이 속속 복귀했고, 경찰의 수가 2배 넘게 늘었지. 제주 주둔 **국방 경비대**[*] 제9연대도 만들어져.

경찰은 드디어 힘을 내서 인민위원회 사무실을 수색하고 사람들을 잡아가기 시작해. 제주 사람들은 이해할 수가 없었어. 해방 직후 어수선했을 때 인민위원회 덕분에 질서를 바로 잡았고, 마을마다 운동회와 학예회가 열렸으며 학교가 폭발적으로 만들어졌어. 읍·면·리까지 인민위원회가 생긴 곳은 남한에서는 제주가 유일해. 제주 미군정도 인민위원회의 도움을 받았어.

제주는 지긋지긋한 좌우익 간 충돌도 없었고, 1946년 남한

---

[*] 나라와 국경이 정해지지 않은 상태에서 군대를 만드는 것은 불가능하므로 경찰의 예비부대라는 의미로 국방 경비대가 된다. 미군정은 경찰 중심이다 보니 경비대는 소외되었다. 경찰에 시달리던 청년들이 경비대에 들어오면서 둘 사이에는 보이지 않는 알력마저 있었다.

을 뒤흔든 9월 총파업이나 10월 항쟁이 벌어졌을 때도 조용했어. 게다가 하지 중장이 야심 차게 추진한 남조선 과도 입법의원 선거에 좌익 진영이 전부 보이콧(불매운동)을 하거나 중도 사퇴할 때도 제주에서만은 끝까지 완주해. 그런데 왜 인민위원회를 탄압하는지, 왜 다시 친일파들이 득세를 하는지 이해할 수가 없었어. 그런 가운데 제주 사회를 발칵 뒤집어 놓은 복시환 사건이 벌어져.

당시에는 전력, 비료 같은 중요한 중공업 시설이 전부 북한에 있었기 때문에 갑자기 찾아온 분단으로 남한은 순식간에 조선시대로 돌아가버린 듯했어. 생활 물자가 모자라자 일본, 중국에서 들어오는 밀수선 물품들은 달콤한 유혹이었지. 이 밀수선이 닿는 제주도로 전국의 장사꾼들이 몰려들어 은행에 현금이 동날 지경이었다고 해. 모리배들이 밀수품을 뒤로 빼돌리는 데 미군정청 관리들이 관여했다는 소문이 돌기 시작했어.

밀수선 중에는 일본에 있는 제주 사람들이 보낸 물건을 실은 것들도 많았지. 일제강점기에 제주 사람들은 일자리를 찾아 일본으로 떠났고, 가족들에게 돈을 보냈어. 그런데 해방이 되면서 연합군 태평양 지역 사령관인 맥아더가 한국과 주변 국가 간의 모든 무역을 금지해버려. 일본에서 제주의 가족에게 보내던 송금도 불가능해져. 그래도 제주 사람들은 고향 사람과 가족을 위해 물건을 보냈는데 이것은 이제 밀수품이 된 거야. 이걸 모리배들이 이용하는 거지.

복시환이란 배도 역시 재일 동포들이 고향 마을에 전기를 가설하기 위해 기증한 자재를 싣고 오다가 밀수선으로 잡혀. 밀수선 처리 과정에서 모리배가 끼어들어 물건을 빼돌려버려. 이것이 언론에 대대적으로 보도가 된 복시환 사건이야. 여기에는 제주 경찰청장을 비롯한 경찰 간부들과 미군정 통역, 심지어 제주 미군정 경찰 고문인 미군 장교까지 연루되었다는 게 드러나. 친일 경찰이 복귀하자 그렇지 않아도 화가 났던 제주 사람들에게 이 사건은 불에 기름을 부은 격이 되었지.

학생들마저 제주 미군정청 건물 바로 코앞에 있는 관덕정 앞에서 대규모 시위를 벌여. "조선의 식민지화는 양과자로부터 막자"-미국의 양과자를 보면서 일제가 벌인 경제 침탈을 떠올렸던 것이지. 미군정을 더 이상 우호적으로 보지 않는다는 증거였어.

그런 가운데 3·1절 집회가 예고되었어. 불안해진 제주 미군정청은 서둘러 기마경찰대를 만들고, 육지에 응원 경찰을 요청해. 그것이 제주를 7년간이나 비극 속으로 몰아넣게 될 줄은 꿈에도 모른 채 말이야.

파슬슬
1946년 12월
〈동아일보〉
노일환 기자의
제주 답사기

도민은 대부분 일하는 사람들이며 놀고먹는 계층은 거의 드물었다. 생업은 반어반농으로 80퍼센트가 중산 계급이며 토지 혁명이 불필요하리만치 도민 일반에게 골고루 분배되어 있으므로… 도민 상호 간에 있어서 자본가적 착취를 감행하는 경향도 희박하였고, 일제의 폭정에서 해방된 후로는 평온한 가운데 일에 전념하고 있다.

세간에서는 제주도는 좌익 일색이며 '인민위원회의 천하'라는 말이 있으나 제주의 인민위원회는 '건국준비위원회' 이래 양심적인 반일제 투쟁의 선봉이었던 지도층으로 구성되어 있으며… 우익 단체와도 격렬한 대립이 없이 무난히 자주적으로 도내를 지도하고 있다.

… 해방 후 5, 6만 명의 전재민(전쟁으로 재난을 입은 사람)이 섬으로 돌아왔으나 아무도 헐벗고 기아에 떨지 않았는데 이것은 육지에서는 못 보는 제주 섬만의 아름다운 모습이었다. 외지로 흩어졌던 동포가 대부분 일본에서 돌아왔으므로 바닷길로 물자를 안고 왔다는 것도 원인의 하나겠으나, 도민의 상호부조 미덕이 발동된 것이 더 큰 힘인 듯하다. 이것을 엿보는 육지의 모리배가 날뛰는 것이 이 섬으로선 두려워할 어두운 그림자이다. 미국인의 승인을 얻은 모리배가 제주 섬으로 빈번히 출입하여 도민들의 신경을 날카롭게 하고 있다.

계란탁

미군정 시대의 사회상을 풍자하는 유행어

하루 종일 정거장
차 한 번 타려면 종일을 기다려야 하는 정거장

흐지부지 우체국
전보 한 장 제때 전해주지 못하는 우체국

먹자판 재판소
돈을 줘야 이기는 재판

깜깜 절벽 전기 회사
발전소가 전부 북한에 집중된 까닭에 송전을 중단하자 겪은 전력난

종이 쪽지 세무서
돈 내라고 날아오는 많은 세금 고지서

가져오라 면사무소
주는 것은 없고 가져가기만 하는 면사무소

텅텅 볏다 배급소
백성은 굶주리고 있는데 배급은 못 주고 텅텅 빈 배급소

고두럼(고드름) 장작 때구 냉수 먹세
불 피울 장작조차 마련하기 힘든 가난한 삶, 고드름으로 장작을
지폈는지 엄청 차가운 방에서 먹을 게 없어 냉수를 벌컥벌컥 마신다는
의미

대구
10월 항쟁

미군정은 미국식 자유시장 경제 제
도를 남한에 도입한다며 쌀값을 자
유화했다. 그러자 대지주와 부유한 상
인들이 사재기에 나섰다. 1945년 가을에는
풍년이 들었지만 두 달 만에 쌀값은 8배가 뛰었다. 도시 노동
자들은 주말마다 쌀을 사기 위해 농촌으로 향해야 했다. 그러

자 미군정은 미곡 수집령을 내려 쌀을 공출하고 배급제를 실시했다. 배급량은 혹독했던 일제 치하 전쟁 때의 절반에 불과했다.

잔인한 1946년 여름에는 콜레라가 덮치고, 수해마저 입었다. 미군정은 오로지 좌익 탄압에만 열을 올렸고 친일파와 친일 경찰들이 돌아와 큰소리치기 시작했다. 정치권은 민중의 삶엔 관심도 없이 오로지 좌익·우익 간 싸움으로 바람 잘 날이 없었다. 결국 노동자와 시민, 농민 들은 스스로 일어설 수밖에 없었다.

1946년 9월, 대대적으로 노동자들을 해고하자 분노한 철도 노동자들의 총파업을 시작으로 전국에서 파업이 줄을 이었다. 이것이 '9월 총파업'이다. 미군정은 총파업을 단순한 생존권 투쟁이 아니라 좌파 세력의 미군정에 대한 정면 도전으로 간주했다. 그리하여 경찰, 철도 경찰, 우익 단체를 동원해서 무차별 탄압했다.

당시 대구의 상황은 더 혹독했다. 시민들은 굶주렸고, 초등학생 80퍼센트 이상이 결식아동이었다. 게다가 콜레라가 퍼졌고, 전염병 대책으로 도시를 봉쇄하는 바람에 쌀 반입마저 끊겼다. 분노한 시민들이 10월 1일, 대구에서 쌀을 달라고 요구하는 시위를 벌였는데 시위 군중을 향해 경찰의 발포로 한 명이 사망하는 일이 벌어졌다. 이것이 10월 항쟁의 시작이다.

이튿날부터 시위대의 수는 걷잡을 수 없이 늘어났다. 시위대는 경찰서를 점령해 무기를 빼앗아 무장 항쟁에 나섰다. 미군정은 계엄령까지 선포하고 진압에 나섰지만 시위는 다른 지역으로 빠르게 확산되며 농민 항쟁으로 발전했다. 한 달이 넘는 기간 동안 전국 90개 군 이상의 지역에서 약 300만 명이 참여하며 항쟁이 거듭되었다.

항쟁은 결국 막을 내렸으나 경찰 200명 이상이 피살되었고, 민간인 사망자 수는 1000명을 넘었다. 우익 테러 단체의 보복도 쉴 새 없이 벌어졌다. 민중 편이라고 말하던 남로당(남조선노동당, p.85 참고)의 지도자들은 미·소 공동위원회가 무산될까 봐 전전긍긍할 뿐 민중들의 분노를 전혀 지도하지 못했다. 하지 사령관은 소련이나 북한과 같은 외부 세력이 선동한 것이라며 잔인한 탄압을 정당화했다.

10월 항쟁의 결과, 지역 사회를 이끌던 좌익 지도자들 대부분이 죽거나 투옥되거나 숨어 지내거나 월북을 선택해야 했다. 인민위원회는 더 이상 사람들의 지지를 받지 못했고, 농민들은 좌익에게서 더 이상 희망을 보지 못하게 되었다.

국립 경찰 제도와 응원 경찰

10월 항쟁은 미군정이 한국을 민주적이고 평화적으로 지배할 수 없다는 것을 보여주었다. 미군정은 더 많은 민주주의가 아니라 우익 테러 단체와 응원 경찰의 힘에 의존해 돌파했다. 경찰의 고문도 부활시켰다. 경찰은 고문이 너무도 정당한 권리라고 믿게 되었다.

경찰관 수는 일제강점기보다 6배나 많아졌다. 자연스럽게 친일 경찰들이 돌아왔고, 10월 항쟁 직후에는 경찰 간부 중 82퍼센트가 최연, 노덕술 같은 친일 경찰 출신이었다. 이들 중 이북에서 월남한 친일 경찰들은 28.6퍼센트나 되었다.

이들은 친일 경력을 감추기 위해 철저한 반공주의자로 변신하여 친일파 청산을 내세운 모든 사람들을 '공산주의 혐의'로 체포, 구금, 고문하였다. 젊은 나이에 간부가 되었기 때문에 오랫동안 경찰을 장악하며, 수십 년간 인권 탄압을 서슴지 않으며 독재 정권을 유지하기 위해 애를 썼다.

미군정이 남한에서 선택한 경찰 제도는 '폭동과 비상사태에 일사분란하게 대처할 수 있는 중앙집권적인 국립 경찰 제도'였다. 국립 경찰 제도는 일본 제국주의가 자국의 국민을 효율적으로 통제하고, 일제강점기에 우리 민족을 억압하던 제도였다. 제주에도 항일운동이 벌어질 때마다 응원 경찰을 보내 진압했었다.

종전 후 미군은 일본에서는 국립 경찰 제도를 해체하고, 경찰이 독립적이고 정치적 중립을 지킬 수 있도록 국가공안위원회 산하에 두었다. 하지만 남한에서는 국립 경찰 제도를 그대로 놔두었다. 이에 따라 문화도 다르고 언어도 다른 응원 경찰을 제주로 보낼 수 있었다. 모든 경찰은 경무부장(지금의 경찰청장)의 지휘를 받았고, 경무부장 위로는 미군정 군정청장과 주한미군 사령관만이 있을 뿐이다. 민주적 감시를 행할 방법이 없었다.

경찰은 주민의 생명과 재산을 보호하기도 하지만 반대로 뺏을 수도 있는 막강한 권한이 있었다. 그래서 경찰의 권한 행사는 철저하게 민주적 절차에 의해 통제되어야 했고, 그 지역 사정을 잘 아는 사람들만을 임명해서 불필요한 오해를 줄여야 했다. 미군정은 제주 사람과 육지 사람, 특히 이북 사람 사이에는 문화적·언어적 차이가 있다는 사실을 전혀 이해하지 못했다. 응원 경찰이 파견되지 않았다면, 국민들의 견제를 받는 민주 경찰로 바뀌었다면 제주 섬에서의 끔찍한 비극은 일어나지 않았을 것이다.

3·1절
발포 사건

1947년 3·1절 기념 집회는 남한 각 지역에서 좌익과 우익이 따로 준비해. 이제 둘은 더 이상 공존할 수 없는 지경에 이르렀지.

그렇지만 제주는 달랐어. 집회의 주제인 '3·1 정신 계승하여 자주독립 이룩하자'를 원하는 사람이면 전부 다 참가한다는 데 아무도 토를 달지 않았어. 그래서 북국민학교에 무려 3만 명이 모인 거야. 제주 섬이 생긴 이래 가장 많은 사람들이 모인 거라고 해. 제주에 있는 12개의 읍·면 지역 중 3개 지역에서 걸어온 사람들인데도 그랬어. 나머지는 면 단위로 행사를 치러. 그만큼 자주독립국가에 대한 열망이 컸지.

최신 무기로 무장한 미군이 지켜보고 기마경찰을 비롯한 경찰들이 군데군데서 시위대를 감시하는 가운데 집회가 시작되었어. 평화롭게 집회가 끝나고 동쪽과 서쪽 지역 사람들의 길고 긴 행렬이 시작되었지. 3만 명이나 모였으니 분위기가 격앙되었어. 물동이에 물을 떠다가 나눠주는 사람도 있었지. 젊은이들은 '왓샤, 왓샤' 소리를 지르는 '왓샤 시위'를 벌이기도 했어.

대부분의 사람들이 빠져나갈 무렵, 관덕정 앞에서 작은 소란이 있었어. 기마 경관이 탄 말에 어린이가 차여 도랑에 빠진 거야. 사람들이 소리 질렀어. 안 그래도 경찰에 대해 반감이 심한 상황에서 벌어진 일이라 기마 경관은 난처해졌고, 꽁무니에 군중을 달고 관덕정 쪽으로 향해.

관덕정은 제주의 중심지로 미군정청과 경찰서가 있는 곳이야. 이 앞으로는 응원 경찰들이 지키고 있었어. 불과 석 달 전

그들은 경찰서를 습격하는 군중들에 의해 경찰이 목숨을 잃었던 10월 항쟁의 한가운데 있었기 때문에 극도로 긴장하고 있었지. 그런데 커다란 함성과 함께 시위대가 다가오자 겁이 났어. 경찰서를 습격한다는 건 제주 사람들로선 상상조차 할 수 없는 일이었지만 지역 사정에 어두운 응원 경찰들은 전혀 몰랐어.

망루 위에서 내려다보던 응원 경찰이 시위대를 해산시키기 위해 총을 쏘았어. 그러자 아래에 있던 응원 경찰들마저 총을 쏘기 시작해. 어지러운 총소리 속에서 사람들이 쓰러졌고, 결국 6명이 숨지고 8명이 다치는 비극이 벌어지고 말아. 그중에는 학생과 젖먹이를 안고 있던 21세 여인도 있었어.

도립 병원의 검안 결과 희생자 중 한 명을 빼놓고는 모두 등 뒤에서 총을 맞았어. 도망치는 비무장 군중을 향해 무차별 발포를 한 것이지. 이것이 제주 4·3의 시작인 3·1절 발포 사건이야.

발포 사건 직후 흥분한 사람들은 경찰서로 몰려갔어. 그러나 육지에서처럼 습격이나 파괴를 위한 것은 아니었어. 여전히 제주 사람들은 미군정을 믿었거든. 그래서 어느 신문 기자가 집에 돌아가서 결과를 지켜보자는 말에 발길을 돌렸어. 미군정이 진상을 철저하게 조사해서 발포 사건의 책임자를 처벌하고 다시는 그런 일이 없도록 하겠다고 약속하면 별일 없이 마무리될 터였지.

하지만 미군정과 경찰은 그럴 수가 없었어. 경찰의 책임을 인정한다는 것은 그동안 남한에서 벌어진 온갖 경찰들의 폭력 행위를 인정하는 꼴이 되어버리거든. 미군정은 한국을 민주적으로 통치할 수 없게 될수록 경찰에 의존했고, 경찰에게 책임을 지울 수가 없었어. 경찰의 발포로 시민이 죽으면서 시작된 10월 항쟁을 겨우 수습해놓은 상황에선 더더욱 그럴 수가 없었지.

그날 초저녁 7시부터 미군정은 통행금지령을 내렸고, 응원 경찰을 더 내려보내. 그리고 3·1절 행사 위원회 간부들을 불법 집회 혐의로 잡아들이기 시작해.* 집회에 참석했던 학생들을 집까지 들이닥쳐 잡아가서 구타해. 제주 사람들은 분노했어. 일제강점기에도 이런 일은 없었어. 거슬러 올라가 조선시대 민란이 일어났을 때도 집으로 돌아간 어린아이들을 잡아가는 일은 상상도 못했지.

결국 열흘 만인 3월 10일에 한국 역사상 유례가 없는 민관 합동 총파업이 벌어져. 제주도 행정 책임자인 제주도청 간부, 직원들을 비롯하여 제주에 있는 모든 관공서와 운수 회사, 은행, 우체국, 학교, 심지어 미군정청 직원과 경찰관 들도 파업에 동참해. 파업 참가자 수가 제주도에 있는 전체 직장인의 95퍼센트로 무려 4만 명이 넘었고, 가게들도 문을 닫았어. 희생자들에 대한 위로금 모금이 시작되었고, 도민들의 성금이 쏟아져. 여기엔 응원 경찰도 일부 동참해.

이런 가운데 미국에서 트루먼 독트린이 발표돼. 미국의 적은 더 이상 제국주의 파시즘이 아니라 공산 진영이었어. 미군

정으로선 제주 상황에 대처할 답을 얻은 셈이었어. 결국 미군정과 경무부는 폭도들이 경찰서를 포위·습격하려 했기 때문에 발포했으므로 경찰의 정당방위라고 발표해-"제주도는 인구의 70퍼센트가 좌익 단체 동조자거나 관련이 있는 좌익 분자의 거점으로 알려져 있다". 즉 제주는 붉은 섬이며 그것은 제주도가 적의 주둔지란 뜻이었어. 정치인에게 자기와 다른 생각을 가진 사람은 설득과 대화의 대상이지만, 군인에게 적은 섬멸해야만 할 대상이었지. 미군정과 경찰에게 제주 사람들은 적이었고, 이렇게 제주 4·3의 비극이 시작되었어.

트루먼 독트린, 냉전의 시작

계란탁

1947년 3월 12일에 미합중국 대통령 해리 트루먼은 의회에서 공산주의 세력의 위협에 대항하는 그리스와 터키 지역을 돕기 위해 군사·경제 원조를 제공해야 한다는 '트루먼 독트린'을 발표했다. 독트린이란 자기 나라의 정책에 따른 원칙을 국제 사회에 공식적으로 밝히는 것을 말한다. 이로써 2차 세계대전 직후 유지되던 미·소의

협력 관계가 무너지고 세계는 냉전 체제에 휩싸였다. 이 영향으로 2차 미소공위는 결국 파국을 맞고 한국의 운명은 분단으로 치닫게 된다.

공산주의 진영과 한 치의 양보도 없이 펼쳐진 총성 없는 전쟁을 냉전이라 했다. 하지만 '냉전' 시기 동안 수십 개의 '열전(무력을 사용하는 전쟁)'이 발생했다. 아시아와 아프리카에서 탈식민 국가 건설의 와중에 발생한 내전들이었다.

계란탁

**대만
2·28 사건**

제주 3·1절 발포 사건 불과 하루 전인 2월 28일에 대만에서도 비슷한 사건이 일어났다. 대만은 청일전쟁으로 일본의 식민지가 되었다가 2차 세계대전에서 일본이 패하면서 청을 이은 중화민국(장제스의 국민당 정부)의 영토로 되돌려진다. 그때 중국 국민당은 공산당과 내전을 벌이고 있었다. 국민당 정부는 대만에 신경 쓸 여력이 없었고 행정 장관인 천이(陳儀)를 보내서 통치하게 했다.

대만은 일본 식민지일 때 교육이나 의료 기관 등이 훨씬 나아졌기 때문에 반일 감정이 덜했다. 그러나 천이는 그런 대만의 상황을 전혀 몰랐을 뿐만 아니라 알려고도 하지 않았다. 대만의 지식인들을 친일 행위자로 몰아 고위 관직에서 배제하고 자기가 데리고 온 사람들로 관직을 독점하고 부정부패를 일삼았다. 식량과 생필품을 걷어서 중국 본토로 보냄으로써 가격을 폭등시켰다. 대만인들은 스스로를 본성인이라 하고, 외지에서 들어온 국민당 사람들을 외성인이라고 하면서 서로 거리를 두기 시작했다.

1947년 2월 28일, 담배를 팔던 한 여성이 단속반원에게 폭행당한 사건은 그동안 쌓이고 쌓인 본성인들의 분노를 터뜨렸다. 본성인들이 대규모 시위를 벌이자 국민당 정부는 군대를 파견해서 본성인들을 학살한다. 5월 16일까지 무려 약 3만 명이 희생되었다. 국민당 정부는 이후 40여 년간 군사 계엄 상태를 유지하면서 2·28 사건에 대한 어떤 언급이나 추모도 용납하지 않았다. 1987년에 계엄령이 해제되고 비로소 진상 규명 운동이 시작된다. 대만 2·28 사건을 다룬 영화로는 베네치아 국제 영화제에서 황금종려상을 받은 〈비정성시〉(1989)가 있다. 영화 속 배경인 대만 지우펀은 이 영화로 유명해졌는데 일본 애니메이션 〈센과 치히로의 행방불명〉의 배경이기도 하다.

뒷전으로 밀리는
제주 사람들

발포 사건이 일어난 뒤 책임을 진 사람은 단 한 명도 없었어. 오직 박경훈 제주도지사만이 제주도민을 지키지 못한 자책감에 사직서를 제출했을 뿐이야. 그러자 미군정청은 전라북도 출신인 유해진을 제주도지사로 임명해. 유해진은 **서북청년단**[*] 출신 개인 비서 7명을 데리고 제주에 도착해.

---

[*]　　서북청년회 단원은 보통 서북청년단 혹은 서청, 서청단이라고 불렸다. 피난 온 이북 출신들이 서로를 돕기 위해 만들었지만 우익 테러 단체로 악명을 떨쳤다.

미군정은 이북에서 내려온 피난민들에게 인도적 차원에서 전국 곳곳에 거처를 마련해줬고, 제주에도 처음 그렇게 들어와. 그들은 엿장수 같은 것을 하면서 생계를 이어갔어. 많은 제주 사람들이 그들을 엿장수로 기억해. 그런데 3·1절 발포 사건 이후 모든 것이 변했지.

유해진은 총파업에 참여했던 관공서 직원과 학교 교원들을 차례대로 잘라버려. 쫓겨난 제주 사람들의 자리에 이북 출신들을 앉혔어. 그러자 의사소통이 전혀 안 됐어. 제주 말 통역이 고용되기도 했고, 일본어로 대화를 하기도 했어. 서로를 제대로 이해할 리가 없었지. 제주도에서 제주 사람의 권리와 이익이 뒷전으로 밀리기 시작해. 언어와 문화가 다른 교사와 학생들 사이엔 보이지 않는 벽이 생겼어.

유해진 도지사는 제주의 독특한 문화를 이해하기보다는 미개한 식민지 주민을 다루듯했어. 그러나 1년 뒤인 1949년 4월 〈주한미군 사령부 G-2 보고서〉는 제주 사람들에 대해 이렇게 평가해─"본토의 같은 계층의 사람들보다 더 높은 수준의 지능과 신체적 조건을 갖고 있는 것으로 여겨진다. 그들은 본질적으로 정직하고 독립적이며 간섭을 싫어하는 동시에 본토 관리나 이주자들과 관련한 도둑질과 부정 취득을 매우 싫어한다".

1947년 여름이 되자 냉전이 본격화돼. 미국과 소련은 더 이상 연합국의 일원이 아니라 적국이었어. 미군정은 남한에서 소련의 영향력을 제거하겠다며 더욱 좌익 탄압에 힘을 쏟았지. 미소공위도 결국 중단됐고, 한반도 문제는 유엔으로 넘어가.

3·1절 발포 사건의 후유증을 앓고 있는 제주에선 탄압의 고삐를 더욱 죄었어. 제주 경찰은 믿을 수 없다며 응원 경찰이 그 자리를 대신해. 경찰의 발포로 주민이 다치기도 했고, 지역 주민들에 의해 경찰이 다치기도 했어. 그럴수록 더 많은 사람들이 잡혀가고 더 많은 사람들은 도망자가 되었어. 한마을 청년이 모두 순식간에 전과자가 되거나 도망자가 된 경우도 있었어.

집회의 허가권을 가진 도지사는 모든 집회를 허락하지 않았어. 그러자 어린 학생들이 경찰과 숨바꼭질하듯 전단을 돌리기 시작했어. 그러면 경찰들은 총을 쏘면서까지 추격하기도 했고, 곳곳에서 마구 잡아갔어.

잡혀가면 막무가내로 때리기부터 해. 그런 다음 비좁은 감방에 갇혀 여름을 나야 했어. 원래 제주는 대문, 도둑, 거지가 없다고 해서 삼무도라고 불리던 곳이야. 범죄가 없으니 감옥도 변변할 리가 없었지. 3.3평의 감방에 35명이 갇혔다고 해. 앉아있을 수도 없는 거지.

일제강점기 당시 101명의 경찰로도 유지되던 제주의 치안이 1000명이 넘어가는데도 불안하다고 서북청년단에게 경찰을 돕도록 해. 서북청년단은 이북에서 김일성과 공산주의자들에 의해 모든 걸 뺏긴 채 남쪽으로 내려온 사람들이었던 만큼 좌익에 대한 분노가 극에 달해있었어. 엉뚱한 복수가 시작된 것이지. 그들은 마을마다 돌아다니면서 청년들을 무조건 잡아다가 가두고 금품을 요구해. 월급이 없는 무늬만 경찰이다 보니 약탈을 당연한 것으로 여겼어. 일본에 있는 친척이 좋은 물건이라도 보내준 집은 귀신같이 알아내 빼앗아갔지.

더 이상 견딜 수 없게 된 청년들이 하나둘씩 일본으로 밀항을 시작했어. 그 덕에 학살을 피했지만 고향으로 돌아오는 길은 막혀버렸지. 그들에게 해방이란 도대체 무엇이었을까.

경찰도 서북청년단도 모두 외지인이었고 제주 사람들에게 가혹했어. 관리의 잘못을 바로잡을 책임이 미군정에게 있었지만, 그들은 도지사의 고유 권한을 존중한다고만 했어. 결국 유해진과 제주 사람들 사이의 갈등이 극에 달했고, 그를 암살하라는 전단이 나돌기 시작해. 유해진은 개인 수행원으로도 모자라 권총을 품속에 넣고 다녔어.

유해진은 제주도에서 좌익을 억누르기 위해 우익 단체에 지원을 아끼지 않았어. 탄압을 견딜 수 없었던 청년들이 우익 단체인 대동청년단에 가입하기 시작해. 그들은 서북청년단과 함께 경찰 보조원으로 활동했어.

도민과 도지사의 거리가 점점 멀어지자 미군정에서도 우려하는 목소리가 나오기 시작했어. 미군 정보 기관의 보고서는 미군정이 상황을 심각하게 여겼음을 보여줘-'제주도의 여론은 만일 경찰이 빠른 시일 내에 정의를 회복하지 못한다면 모든 조직들이 제주 경찰서를 공격할 것이다'.

충돌은 예견되었고, 그것은 막을 수 있었다는 뜻이었지. 민주적인 절차를 회복하고, 체포·감금·폭행·고문과 같은 비인권적이고 전근대적인 행위를 멈췄어야 했지. 제주 사람들의 정서를 이해하고 최소한 언어라도 통하는 사람들을 민생 현장에 배치해야 했어.

하지만 아무것도 변하지 않았어. 도지사에 대한 특별 감사를 벌였고, 딘 군정 장관이 직접 와서 살펴보고 갔지만 유해진 도지사는 해임되지 않았어. 그가 해임된 것은 4·3 봉기가 발발하고 난 후인 1948년 5월 말이었지. 그렇게 비극의 시간이 다가오고 있었어.

유엔의
남한 단독 선거
결정

1947년 9월 17일에 미국은 2차 미·소 공동위원회가 중단되자 모스크바 3국 외상 회의를 일방적으로 파기하고 한반도 문제를 유엔으로 넘겼다. 모스크바 3국 외상 회의 결과를 부정한 반탁 운동이 낳은 결과였다.

유엔은 1947년 11월 14일 총회에서 '한반도에서 인구비례에 따른 남북한 총선거 실시'를 결의했다. 우리나라는 전범 국가도 아니었고 유엔은 민족자결의 원칙을 존중함에도, 이 토의에 한국 대표는 미국의 반대로 참가할 수 없었다.

1948년 1월 8일 호주, 캐나다, 중국(지금의 대만), 엘살바도르, 프랑스, 인도, 필리핀, 시리아 8개국 대표로 구성된 유엔한국임시위원단(유엔위원단)이 총선거 감시를 위해 남한에 들어왔다. 상대적으로 인구가 적은 북한은 인구 비례가 자신들에게 불리하기 때문에 총선거를 받아들이지 않았고, 유엔 위원단의 입국도 거부했다. 결국 유엔 총회에서 결의한 한반도에서의 총선거는 무산됐다.

비로소 김구는 반탁 운동에서 벗어나 단독 정부를 주장하는 이승만 및 한민당과 결별하고 통일 운동으로 방향을 바꾼다. 김구는 유엔위원단에 단독 정부를 반대한다는 것과 남북 지도자 회의를 소집해달라는 내용의 의견서를 보냈다. 극우 정치 지도자였던 김구는 이후 통일 운동가로 거듭나게 된다.

남로당과 **전평***은 1948년 2월 7일 '유엔위원단 반대, 단독 선거 단독 정부 결사 반대. 미·소 양군 즉시 철수 후 조선통일 민주주의 정부 수립' 등을 내걸고 총파업에 들어간다. 30만 명이 총파업에 참가한 가운데 경찰과 충돌해 100명이 사망하고 1만 584명이 검거되었다.

2월 10일에 김구는 남한만의 단독 정부에 반대한다는 내용이 담긴 성명을 발표했다—"나는 통일된 조국을 건설하려다 38선을 베고 쓰러질지언정 일신의 구차한 안일을 취하여 단독 정부를 세우는 데는 협력하지 아니하겠다".

그러나 유엔 소총회에서 남한 단독 선거안이 통과되었고, 이로써 통일 정부 수립은 완전히 물 건너가고 있었다.

---

*   해방 후 노동자들은 공장마다 노동조합을 결성했고 산업별 노동조합의 대표들이 모여 '조선노동조합전국평의회(전평)'를 결성했다. 전평은 명실상부한 한국 노동자들의 대표체였지만 미군정과 우익의 탄압과 테러로 사라졌다.

앉아서 죽을 것인가, 일어나 싸울 것인가

1948년 1월, 한반도의 운명을 손에 쥔 유엔위원단이 입국했어. 한국의 미래는 한국인의 손으로 해결하겠다는 의지로 전국이 들끓어. 제주 사람들도 행동에 나서. 이전까지는 '보리 공출 거부'나 '구속자 석방'과 같은 주장을 했지만 이젠 달랐어. '분단이면 전쟁이다', '통일 정부 수립하자' 같은 정치 구호가 등장했어.

시위 형태도 예전과는 달리 격렬해졌어. 예전에는 항의 시위라고 해봐야 소리를 지르는 게 고작이었지만 경찰서에 몰려가서 돌을 던져 유리창을 깨뜨리기도 했어. 물론 경찰들은 이미 모두 사라지고 없는 빈 경찰서였지만 그것만으로도 경찰은 경악했어. 제주도에서 벌어진 첫 번째 경찰서 습격이었으니까.

경찰 2명이 구타를 당하는 일까지 벌어지자 경찰은 더 강도 높은 탄압에 나섰어. 제주도 전역에서 마구잡이 체포가 벌어지기 시작했고, 어느 마을에서는 마을 주민의 대부분인 94명을 연행했다가 석방하는 일도 있었어.

2월에 열린 유엔소총회에서 최종적으로 단독 정부가 승인돼. 남한에 단독 정부를 세운 후 북한과 통일을 모색하라는 말은 한반도가 3차 세계대전의 전장이 될지도 모른다는 불안감을 불러일으켰어. 곳곳에서 단독 선거, 단독 정부(단선 단정) 반대 집회와 시위가 잇달았고, 남로당은 무력 시위를 벌이고 총파업을 벌여.

유엔은 선거를 반대할 권리를 인정했어. 유엔은 한국인의 권리를 한국인 스스로 선택할 기회를 주었지. 그러나 미군정은 어떤 반대 운동도 허락하지 않는다고 못 박아.

5월 10일로 총선거가 예정되었어. 분단을 막기 위해서는 남북한에 정부가 각각 들어서기 전에 무슨 방법이든 써야 했어. 남과 북에서 힘을 합해 자주적으로 통일된 민주 정부를 만들겠다고 한다면 유엔으로서도 어쩔 수 없지 않을까 하는 기대였지. 유엔은 민족자결주의 원칙을 지지했으니까.

김구와 김규식은 통일 운동으로 국민들의 뜨거운 지지를 받기 시작했어. 4월 19일부터 평양에서 열린 남북조선제정당·사회단체 대표자 연석회의에 참가하기 위해 둘이 북한으로 향하면서 단독 선거에 대한 반대 분위기는 절정을 이뤘어. "남조선 단독 선거가 설사 실시된다고 하더라도 그 결과를 승인하지 않을 것이며, 이와는 달리 통일적 입법 기관 선거를 실시하여 조선 헌법을 제정하고 통일적 민주 정부를 수립할 것이다"—이런 내용의 공동 성명도 발표했어.

단독 선거, 단독 정부 반대 운동은 전국에서 점점 격렬하게 벌어졌어. 200명 가까운 경찰과 시위대가 숨졌지. 하지만 그 어떤 곳에서도 무장봉기가 벌어진 곳은 없었어. 왜 제주에서만 파국으로 치닫게 된 것일까?

3·1절 발포 사건 이후 제주 사람들은 계속 체포되어 이미 2500명 가까이 갇혀있었어. 잡히면 일단 고문이 일상적이었지. 단독 선거, 단독 정부 반대 운동이 시작된 이후 체포와 고문은 더 심해져가. 그러다 결국은 있을 수 없는 일이 벌어지지.

조천 중학원 학생 김용철이 경찰서에서 구타를 당하다 사망한 사건이 벌어져. 경찰은 처음엔 발뺌했고, 이미 이북 출신들로 채워진 도청의 후생국장이나 경찰 간부들은 사건을 어물쩍 덮어버리려 했어. 주민들의 강력한 반발로 재부검을 실시했고, 결과는 고문치사(지나치게 심한 고문으로 인하여 죽게 함)로 밝혀졌어.

얼마 지나지 않아 모슬포 지서(파출소)에서 양은하가 처참한 시신으로 발견돼. 그때 같이 있었던 다른 수감자는 이렇게 증언해-"지서에서는 매질부터 시작했다. 주로 몽둥이로 때리거나 각목을 다리 사이에 끼워 위에서 밟기도 하고 물고문을 하기도 했다. 그러다가 (양은하의) 머리카락을 천장에 매달아 놓고 송곳으로 급소를 찌르는 고문을 하던 중에 그만 고환이 터져서 숨지게 됐다".

한림에서도 박행구라는 청년이 서청 출신 경찰에 의해 고문을 받다가 총에 맞아 죽는 사고가 벌어져. 젊은 사람들은 사소한 잘못을 저질러도 죽을 수 있다는 공포에 사로잡혔어. 앉아서 맞아 죽을 것인가, 일어나 싸울 것인가. 남로당 제주도당에서 봉기가 결정되었어.

꽈두기

제주도의 남로당과 백비

1946년 창당된 남조선노동당(남로당)은 당시 미군정에 등록된 합법적인 정당이었다. 정당의 목표인 강령은 민주주의 자주 독립 국가 건설, 무상 몰수·무상 분배의 토지 개혁, 8시간 노동제와 사회보장제 실시, 주요 산업의 국유화, 언론·출판·집회·결사·시위·신앙의 자유, 20세 이상의 국민에게 선거권과 피선거권 부여, 남녀 동등권,

초등 의무 교육제 실시, 진보적 세금제 실시, 민족 군대 조직과 의무병제 실시 등으로 현재의 헌법과 비교해도 충돌할 만한 내용이 없다.

유엔위원단은 남북한 선거에 대한 협의 대상으로 남한 6명, 북한 3명의 정치 지도자를 지명했는데, 남한에는 이승만, 김구, 김성수, 김규식과 함께 남로당 지도자인 박헌영과 허헌이 포함되어 있었다. 남로당은 당원 수만 해도 100만 명에 이르는 남한 최고의 정당인 만큼 국민을 대표할 자격이 있었다.

그러나 남로당은 미군정과 대한민국 정부에 의해 지속적으로 탄압을 받았고 대중 지도자들이 투옥, 살해된 데다 간부들의 월북으로 한국전쟁과 함께 소멸했다. 월북했던 남로당 간부들도 대부분 김일성에 의해 간첩 협의로 숙청되었다.

남로당 제주도당은 항일 운동가들이 중심이 되어 만들었고, 사무실도 제주 미군정청 바로 앞인 칠성통에 있었다. 처음에 당원 수는 100명도 안 되었다. 그만큼 제주도는 굳이 정당이 아니라도 제주도민의 정치적 입장을 대변할 인민위원회 등의 단체가 있었다.

3·1절 발포 사건 이후 이런 단체들은 탄압을 받아서 힘을 못 썼다. 경찰과 서북청년단이 마구잡이로 청년들을 잡아가고

구타하고 가두자 청년들은 자신을 지켜줄 정당으로 남로당을 선택한다. 당원 수는 급속도로 늘었다. 제주 사람들은 남로당에 기대는 것 말고는 쉴 새 없이 몰아치는 외지인과 경찰 들의 횡포로부터 도망칠 길이 없었다.

남로당 당원이란 이유로 체포, 구금, 고문이 벌어지는 것은 명백하게 불법이었다. 하지만 제주 경찰은 남로당 당원이라는 이유로 체포하고 고문하고 구금했다. 이 일로 추궁을 받자 경찰은 폭동 음모 때문이라고 했지만 증거는 발견되지 않았다. 그런 와중에 남로당 당원 명부가 경찰에 발각되는 일이 벌어졌고 이것은 나비효과를 불러일으켰다. 수세에 몰린 남로당 강경파가 무장봉기를 결정한 원인을 제공했다.

당시 무장봉기를 결정한 강경파의 한 사람이었고, 그 후 일본으로 피신한 원로 남로당원은 이렇게 말했다 -"우리는 당초 악질 경찰과 서북청년단을 공격 대상으로 삼았지, 경비대는 아니었다. 미군에게도 맞대응할 생각이 없었다. 미군에 대해 다소 감정이 있었지만 그들은 신종 무기가 많은데… 우리가 공격한 후 미군이 대응할 것이라고 예상하지 못했다. 우선 시위를 하면 어느 정도 효과가 있을 것이라는 정도의 생각이었다. 장기전은 생각하지 않았다. 그래서 김익렬과도 회담한 것이다. 아무튼 우리의 지식과 수준이 그 정도밖에 되지 않았다".

제주 4·3은 남로당 제주도 무장대가 무장봉기한 날인 1948년 4월 3일에서 따온 명칭이다. 이런 작명은 마치 4·3이 무장봉기로부터 시작되었고 무장봉기가 원인인 듯한 오해를 불러일으킨다. 그러나 제주 사람들에게 4·3은 평화·통일·항쟁의 의미였고, 어느 하루의 일이 아니라 오랜 역사와 전통의 연장선 위에 있었다.

제주 4·3 평화기념관에 가면 누워있는 하얀 비석인 백비가 있다. 백비의 안내문에는 이렇게 쓰여있다 –"언젠가 이 비에 제주 4·3의 이름을 새기고 일으켜 세우리라". 백비란 어떤 까닭이 있어 글을 새기지 못한 비석을 일컫는다.

'봉기, 항쟁, 사태, 폭동 사건' 등으로 다양하게 불려온 '제주 4·3'은 아직까지도 올바른 역사적 이름을 얻지 못하고 있다. 분단의 시대를 넘어 남과 북이 하나가 되는 통일의 그날, 진정한 4·3의 이름을 새길 수 있으리라.

"해방이 되자 옛것을 도로 찾아 설을 음력 1월 1일에 쇠게 되었다.[*] 이 날이 (1948년) 2월 7일이다. 우리들은 남로당의 지시를 받고 미리 작성해두었던 삐라(전단) 수백 장을 마을의 거리에 뿌리고 또 전봇대에 붙였다. … 멋도 모르고 벗들과 함께 신나게 전단지를 뿌린 것이 훗날 문제가 생겼다. 경찰에서 학생들을 잡아다가 고문하기 시작했다. … 전단지 사건은 제주 전역에 걸쳐 똑같은 시각에 발생한 사건이었고 이로써 경찰과의 충돌도 날로 늘어가기 시작했다. …

5월 중순쯤에 나는 이 (전단) 사건 때문에 경찰에 구속되었다. … 제주 경찰서 유치장에서 꼬박 한 달 동안을 구금당했다. 유치장의 방 넓이는 4평 정도였는데 얼마나 많이 잡혀 오는지

---

[*]   일제는 전통적인 한국의 설 명절을 일본식으로 양력 1월 1일로 바꿨다. 이에 대한 반발로 음력 설을 치르는 것이 민족 자존심을 지키는 것처럼 여겼고, 해방이 되자 너나없이 음력 설을 쇠었다.

좁다란 방에 30~40명씩 넣었다. 그것도 무더운 여름철이었다. 사람 취급이 아니고 짐승 취급도 그보다는 나으리라! 사람 열기로 아롱거려 못 볼 지경이었고 무릎을 잠시도 펴볼 수도 없이 24시간 구부린 채 밤낮을 앉아있었다. 무릎은 바늘침으로 쑤시는 고통보다 더했고 마루 바닥에 닿는 궁둥이 쪽은 열을 받아서인지 부스럼이 생겨 터져서 물이 질질 흐르고 사람들은 영양실조가 되어 뼈만 앙상하여 죽은 송장과 같은 모양들을 하고 있었다. 잡혀온 (이들) 가운데는 중학생들도 많았는데 그런 고통 속에서도 뜻을 굽히지 않고 최후의 일각까지 투쟁하자고 강조하는 골수분자들도 있었다.

'동남풍이 불어서 포도꽃 피고 향기로운 바람은 철창을 싼다. 아, 블란서(프랑스)에 봄이 왔건만 잘 있거라 이 봄아 나는 가련다.' 이 노래(〈철창의 봄〉 또는 〈파리코뮨의 노래〉라고도 함)는 나와 함께 유치장에 갇혀있었던 오현 중학의 어느 학생이 자주 불러 우리에게 사상 고취를 시킨 노래 중 하나이다. … 그때의 그 사람들! 젊음의 열정과 패기 있게 날뛰었던 그들은 아마 한 사람도 남김없이 훗날에 저 지긋지긋한 4·3 사건의 희생물이 되었으리라!"

– 김석규 자서전,《녹수생애지》, 1990

무장봉기와
평화 협상의 무산

1948년 4월 3일, 새벽 2시. 오름마다 봉화가 오르면서 무장봉기가 시작돼. 무장대는 제주에 있는 총 24개의 경찰 지서 중 12개 지서, 서청 숙소 그리고 대동청년단 등 우익 단체 요인의 집을 습격해. 경찰 4명을 포함하여 총 14명이 숨졌고, 그중 무장대도 2명이 있었어. 봉기 후 첫 번째 희생자는 양은하 고문 치사 사건 관련 경찰이었어.

미군정은 느닷없는 사태에 우왕좌왕했어. 도대체 누가, 무엇 때문에 일을 벌였고, 그들이 얼마나 되는지 전혀 짐작도 못했어. 이렇게 제주도의 절반을 휘젓고 다닐 정도인데도 미군 정이 전혀 눈치 못 채고 있었던 것은 그만큼 제주 사람들과 멀리 떨어져 있었음을 말해주는 것이지.

다급한 미군정은 응원 경찰 100명과 경찰 간부 후보생 100명을 제주로 보내. 경무부장 조병옥은 한술 더 떠서 서울에 있는 서청 본부에 반공정신이 투철한 단원 500명의 파견을 요청했어. 그야말로 사태의 원인에 대해서는 눈곱만큼도 모르는 거지.

누가 왜 그런 일을 벌였는지 알아내지도 못한 채 경찰과 미군정은 제주 사람들을 선동하는 사람은 외지인이라고 해. 그 외지인은 불량배였다가 백정이었다가 중국 팔로군이었다가 북한군이었다가 나중에 소련까지 들먹여. 근거 없는 기사가 언론에 보도됨으로써 육지 사람들이 제주도 사람들의 잔학성에 치를 떨게 하는 데 성공해.

마침내 봉기를 일으킨 사람들이 자신을 드러내. 그들은 '제주도 인민유격대'의 이름으로 "탄압이면 항쟁이다"로 시작하는 〈5·10 망국 단독 선거 반대를 위한 무장봉기 성명〉을 배포해. 그동안 제주도민을 탄압해온 경찰과 서청을 비롯한 우익 단체의 탄압에 맞서 저항할 것이며 단독 선거, 단독 정부를 반대하며 통일 독립과 민족 해방을 위하여 궐기했다고 주장했어. 그 어디에도 공산주의 구호나 혁명을 촉구하는 내용은 없었어.

감히 무장봉기를 일으켰다고는 하지만 무장대의 무기는 초라했어. 일본군이 버리고 간 것을 바다에서 건진 99식 소총 27정, 권총 3정 그리고 수류탄 25발이 전부였어. 나머지는 조선 시대 민란에서나 사용할 법한 죽창 같은 무기가 고작이었어. 무장대 인원도 초기에 350명 정도, 전 기간을 통틀어도 500명 선을 넘지 못했어. 게다가 제주도는 도망칠 곳도 없는 작은 섬이야.

제주 주둔 국방 경비대 연대장인 김익렬은 4월 3일 새벽에 직접 사건을 목격해. 그는 그동안 경찰과 서청에 대한 제주 사람들의 원성을 들어온 터라 이들에 대한 제주도민들의 분노가 만들어낸 충돌로 여겨. 그래서 미군정에서 요청하는 진압 작전에 국방 경비대가 나서서는 안 된다고 생각해. 국가 권력의 횡포에 대한 시민 저항 운동에 군대가 나설 수는 없었지.

상황을 빨리 수습하려면 국방 경비대가 필요했던 미군정은 난처했어. 결국 김익렬 연대장에게 평화 협상을 맡기고 미군정 장관 딘 장군을 대리할 권한을 줘. 그러니까 모든 협상 결과는 공식적으로 인정받는다는 뜻이야. 재판에서 극형을 면할 수 있는 사면권도 보장해. 다만 평화 협상이 깨지면 국방 경비대는 명령에 따라 진압 작전에 나설 수밖에 없었지.

1948년 4월 28일에 구억리라는 마을에서 김익렬 연대장과 무장대 총책임자인 김달삼 간의 역사적인 평화 협상이 열려. 긴 시간 동안의 회담 끝에 합의안이 나왔어.

① 72시간 내에 전투를 완전히 중지하되 산발적으로 충돌이 있으면 연락 미달로 간주하고 5일 이후의 전투는 약속 행위의 배신으로 본다.
② 무장 해제는 점차적으로 하되 약속을 위반하면 즉각 전투를 재개한다.

③ 무장 해제와 하산이 원만히 이뤄지면 주모자들의 신병을 보장한다.

하지만 평화는 그렇게 쉽게 찾아오지 않았어. 평화 협상 합의안에 따라 차근차근 무장 해제와 귀순이 이뤄지는 동안 오라리에서 우익 청년단들에 의한 방화 사건이 발생해. 놀랍게도 마치 알고 있기라도 한 것처럼 이것을 미군이 비행기로 촬영했어. 이 방화 사건은 마치 무장대에 의해서 벌어진 것으로 편집돼서 무성 영화 〈제주도의 메이데이〉로 만들어져. 그날이 5월 1일로 메이데이*였거든.

그것이 시작이었어. 무장대로 변장한 경찰이 곳곳에서 귀순을 방해하거나 마을에 방화하는 일이 벌어져. 서서히 분위기가 바뀌기 시작해. 경찰은 무장대가 평화 협상을 파기했다고 길길이 날뛰었고, 미군정은 그것을 받아들여.

---

* 세계 노동자의 날로 한국에서는 근로자의 날로 불린다.

제주도를 다녀온 미군정 장관이 기자들에게 이렇게 말해-"이번 폭동으로 제주도 밖에서 침입한 소수의 공산 분자들의 모략에 선동된 양민들이 산으로 들어가서 현 정부를 지지하는 사람들을 살해하고 있는 것을 알게 되었다. 경찰과 경비대의 노력으로 곧 회복하리라고 본다".

1년 후 주한 미군 사령부가 제주도 사태를 종합 분석한 기밀 문서에는 이렇게 쓰여있어-"일부에서는 반도가 본토나 북한으로부터 병참 지원을 받고 있다는 소문도 있으나 이러한 보고를 증명할 아무런 증거도 없다". 그러니까 처음부터 끝까지 외부에서 불순분자가 들어와 제주도민들을 선동한다는 근거는 없었어.

하지만 이렇게 해야만 하는 이유가 있었어. 5·10 총선거를 앞두고, 유엔에서 소련은 '미군정의 폭정에 대항해 주민들이 폭동과 반란을 일으키고 있다'라면서 제주도 사건을 예로 들었어. 자칫하다가는 선거의 공정성을 문제 삼을지도 몰랐지.

미군정은 하루라도 빨리 사건을 마무리해야 한다는 압박감에 시달렸어. 한편으로는 김익렬을 통한 귀순 공작을 벌이면서, 다른 한편으로는 미군 장교를 보내서 조용히 무장대의 전투력을 조사해. 그리고 결론을 내렸지. 경찰과 국방 경비대의 힘으로 해결하는 편이 빠르다고 말이야.

외적의 침입으로부터 국민을 보호하기 위해서가 아니라면 어떤 경우에도 군대는 동원할 수 없어. 외부 유입설은 이런 이유로 나온 것이야. 외부 유입설은 이후 5·18 민주화 운동에 대한 무차별 학살의 근거로 다시 재현되기도 해.

모든 것은 준비되고 예견된 것처럼 보였어. 평화 회담은 애초부터 미군정이 원한 방식이 아니었던 것이지. 무장대를 무력으로 진압하기 위한 근거를 마련하려던 것뿐이었어. 결국 김익렬은 해임돼. 미군정은 제주도에 국방 경비대 병력을 더 보내고, 그 자리에 미군정 장관이 총애하는 박진경을 임명해. 그 사실을 들은 독립군 출신의 송호성 국방 경비대 사령관은 슬픔에 차서 말해-"제주 사람들은 이제 다 죽었구나".

슬프게도 그의 예언은 현실이 되었어.

미군정 검찰 총장 이인: "정치에 신축성이 없다는 것과 관공리가 부패한 것."

광주 지검 검찰관 김희주: "4·3의 직접적인 원인은 단독 선거 반대, 간접적인 원인으로는 서북청년회의 만행과 제주도민의 배타성."

4·3 관련자 재판 주심이었던 판사 양원일: "4·3의 원인으로 경찰과 우익 청년 단원들의 가혹한 행위와 관공서 직원들의 부패와 김구가 주도하는 남북 협상에 대한 지나친 기대."

4·3 재판의 검사였던 검찰관 박근영: "제주도민들과 언어와 풍습이 다른 육지 경찰들의 그릇된 행동에서 비롯된 갈등을, 아량을 베풀어 해결하지 못한 점."

원인에는
흥미가 없다

1948년 5월 10일로 예정된 남한 단독 총선거를 앞두고 전국은 혼란 속으로 빠져들었어. 남한 단독 정부가 들어서게 된다면 한반도는 분단국가가 될 것이기 때문이었지. 분노한 시민들이 경찰서와 선거 사무소를 습격하는 일이 거듭돼. 제주도의 분위기도 다르지 않았어.

선거가 가까워지자 도민들은 선거를 거부하면서 점점 더 산으로 올라가기 시작해. 결국 제주도의 세 군데 투표구 중 두 군데에서는 선거가 제대로 치러지지 않았고 국회의원을 뽑지 못했어.

미군정은 2차 세계대전에 참전했던 전쟁 경험이 풍부한 브라운 대령을 제주에 보내. 제주도를 평정하고 재선거를 실시하겠다는 의지였어. 브라운 대령은 신문과 한 인터뷰에서 이렇게 호언장담해─"원인에는 흥미가 없다. 나의 사명은 진압뿐이다". 브라운 대령은 2주일 이내 평정도 약속했어. 다른 지역의 국방 경비대를 제주로 보냈고, 브라운 대령은 이들을 이끌고 보란 듯이 제주도의 서쪽부터 동쪽까지 모조리 휩쓸고 가는 소탕 작전을 벌여.

한편 김익렬의 뒤를 이은 박진경 연대장은 제주도에 들어오자마자 병사들에게 이렇게 말해─"폭동 사건을 진압하기 위해서는 제주도민 30만 명을 희생시키더라도 무방하다". 국방 경비대는 무장대가 숨었을 것으로 짐작되는 중산간 마을 두 곳을 수색해 218명을 체포하면서 무차별 체포 작전(초토화 작전)을 시작했어. 물론 그들 중에 무장대는 단 한 명도 없었어.

2차 세계대전 당시 있었던 초토화 작전의 잔인함에 놀란 세계 각국에선 이를 규탄하며 문명국에서 다시는 벌어지지 않아야 한다고 결의했어. 만일 초토화 작전을 벌인다면 그것은 전쟁 범죄 행위나 마찬가지였지. 하물며 전쟁도 그런데 자국민을 향해서 초토화 작전을 벌인다는 것은 있을 수 없는 일이었지. 그러나 미군정은 모르는 척 눈을 감았어.

잔인한 작전에 분노한 병사 41명이 집단으로 탈영해. 그러나 우왕좌왕하다 절반은 도로 잡혔고 훗날 사형에 처해져. 그래도 제주 사람들은 그 소식을 듣고 혹시나 하는 기대를 가졌어. 악질 경찰과 서북청년단을 몰아내고 제주에 평화가 오지 않을까 하고 말이야. 그것은 헛된 기대였지.

중산간 지역 사람들은 농사를 짓다가 느닷없이 나타난 국방 경비대에 의해 속수무책으로 체포되었어. 국방 경비대는 누가 양민이고 누가 무장대인지 분간할 방법이 전혀 없었기 때문에 중산간 마을 사람들을 무작정 연행해갔어. 마을 사람들은 일단 체포되지 않기 위해 산으로 숨어야 했어. 체포된 뒤에는 모진 고문이 기다리고 있었거든. 젊은 사람들이 떠난 뒤 남겨진 노약자와 여성들이 무더기로 국방 경비대에 체포되었어.

딘 장군은 매우 만족해했고, 박진경을 대령으로 초고속 승진시켜줘. 그가 성공하면 성공할수록 주민들은 산으로 숨었고, 결국은 자신에게도 비극이 되었어. 진급 축하연을 마치고 취해 잠든 밤, 박진경 연대장은 자신의 무차별 진압 작전에 불만을 품은 부하에 의해 암살되고 말았지. 이 일로 군법 회의에 넘겨진 장병은 모두 8명이었고, 제주도 출신은 한 명도 없었어.

박진경을 직접 쏜 손선호는 암살에 나서게 된 이유를 이렇게 밝혀-"우리가 화북이란 마을에 갔을 때, 15세가량 되는 아이가 그 아버지의 시체를 껴안고 있었는데, 이것을 본 박 대령은 망설임 없이 그 아이를 쏘아버렸다. 그 밖에 부하들과 사격 연습을 한다고 마을의 소나 돼지를 함부로 쏘아 넘어뜨렸다. 폭도가 있는 곳으로 안내한 주민을 데리고 가서 만약에 폭도가 없으면 그 자리에서 총살해버렸다. 또 매일 한 사람이 한 사람의 폭도를 체포하여야 한다는 등, 그는 부하에 대한 조그마한 애정도 없었다".

주모자로 체포된 문상길은 최후 진술에서 이렇게 말했어-"우리가 군인으로서 자기 직속 상관을 살해하고 살 수 있으리라고 생각하지는 않았다. 죽음을 결심하고 행동한 것이다. 재판장 이하 전 법관도 모두 우리 민족이기에 우리가 민족 반역자를 처형한 것에 대하여서는 공감을 가질 줄 안다". 이들에 대한 총살형이 가혹하다는 인권 단체의 의견도 있었지만 결국 두 사람은 대한민국 정부 수립 제1호 사형 집행의 희생자가 되었어.

미군정은 정말로 원인에는 관심이 없었는지 여전히 제주도 치안을 육지 경찰에게 맡겼어. 조병옥 경무부장은 '그동안의 소극적인 대책을 떠나 실력으로써 적극적으로 폭도들을 섬멸할 방침'이라고 하면서 철도 경찰을 비롯해 육지 경찰 수백 명을 더 보내. 그들은 들어와서 몹쓸 짓을 하고 다녀. 무장대에 의해 살해된 가족을 둔 사람을 경찰에 특별 채용해서 복수를 노골적으로 조장하기도 했어. 서북청년단은 날이 갈수록 기세가 등등해져서 그들이 지나간 곳에는 비명 소리만이 남았지. 곳곳에서 경찰의 불법 체포, 구금, 고문이 이어지자 제주 진압 작전을 맡은 브라운 대령마저 이렇게 한탄을 해 "지나친 잔혹 행위와 테러가 제주도에 도착한 응원 경찰에 의하여 자행되었다".

미군정은 제주도 북제주군 갑·을 양 선거구의 선거 무효를 선언하고 6월 23일, 재선거를 실시하겠다는 포고를 발표해. 선거를 앞두고 드디어 유해진 도지사와 제주 경찰청장을 해임했어. 후임에는 제주 출신 도지사와 경찰청장을 임명하면서 민심 달래기에 나서.

진압 작전은 거듭되었고, 수없이 많은 제주 사람들에 대한 체포, 구금, 총살이 거듭되는데도 당초 350명이라던 무장대의 그림자도 못 찾았어. 그즈음에는 무장대도 거의 활동을 멈추고 깊이 숨어버렸거든. 생각지도 못한 미군정의 반격에 놀란 탓이었지.

오히려 딘 장군은 국방 경비대의 훈련 장소로 제주도가 적합하다고 여기고 육지 부대와 빈번하게 교체해. 군인들의 실전 훈련 장소로 가장 안전한 곳이라고 말이야. 그들이 실전 훈련을 시작하는 동안 제주 사람들은 숨었다가 나와 농사짓다가 다시 숨기를 반복해야 했어. 한 농민은 들고 있던 괭이를 돌 위에 두드리면서 울부짖었어-"죽으려야 죽을 수 없고 살려야 살 수 없다".

제주도민은 국방 경비대에게서도 멀어지기 시작했어. 분노한 젊은이들은 점점 산으로 들어갔고, 무장대가 이기길 바라는 사람들이 많아지기 시작했어. 그들은 무장대를 '산사람'이라는 친근한 이름으로 불렀어. 산으로 쌀과 옷을 보내고, 약품을 보내기도 했지.

제주에서는 끝내 재선거가 치러지지 못했어. 미군정은 그렇게 제주 사람들에게 분노만을 남긴 채 막을 내렸고, 새롭게 대한민국 정부가 수립돼. 그리고 진짜 비극이 시작되었지.

초토화 작전에 대해 미국 국무부 한국 문제 전문가인 존 메릴은 이렇게 말했다–"당시 한국군에 참여하고 있던 사람들은 대개 일본군 출신으로서 그들은 만주에서의 소탕전을 그대로 제주도에 적용했던 것을 지적하지 않을 수 없다".

제주도에서 초토화 작전을 벌인 연대장들인 박진경, 송요찬, 함병선은 모두 불과 3년 전까지도 일본군과 만주군의 장교로 활약했었다. 일본군에 의해 벌어진 사상 최악의 민간인 학살인 난징대학살은 10년 전의 일이었다. 이들은 제국주의 군사 문화의 전통을 고스란히 간직한 채 한 번도 반성의 과정을 거치거나 잘못을 돌아볼 새도 없이 미군정에 의해 채용되었고, 제주에 파견되었다.

파송송

선거 반대 입산기

평상시에는 올라보지도 못했던 산, 한라산. 1948년 5월 9일, 박순석은 빈손으로 한라산을 올랐다. 금방 내려오게 될 줄 알았다. 그래서 평상시 입은 채로 아무것도 챙기지 않고 올라갔다.

부락민들이 마을을 떠나 산으로 다 올라갔기 때문에 마을에는 텅 빈 곳이 많았다. 5·10 선거는 남한만 선거해서 정부를 세우겠다는 거였다. 눈물겹게 맞이한 독립인데 반쪽으로 나눠서 나라를 세운다는 것은 말도 안 된다고 생각했다. 배운 사람이든 안 배운 사람이든 대부분의 사람들은 그렇게 생각했다.

"그러니까 당연히 반대해야 하는 거였지. 산에 올라갈 때 북국민학교 여선생 둘하고 남선생 셋, 화북 학교 선생도 셋이 있었어. 교편 잡던 선생들이 많았어. 너무도 너무도 레베르(레벨)가 높은 사람들이 산에 있으니까 덩달아 나도 수준이 높아지는 것 같았어. 이분들이 이렇게 활동하는데 나 같은 작은 힘이라도 보탬이 되니까 얼마나 좋은가 그런 생각이 들었지."

- 김영란, 〈70년 만의 외출〉, 제주작가회의, 《돌아보면 그가 있었네》, 2008

(박순석은 1년 후 토벌대에 잡혀서 산을 내려갔고, 징역 3년 형을 받고 전주 형무소에서 5개월가량을 복역하고 출소했다. 그녀는 2019년 재심을 통해 무죄 판결을 받았다.)

까두기

대한민국
정부 수립

5·10 선거를 앞두고 미군정과 경찰 그리고 100만 명에 이르는 경찰 보조대인 향토보위단(향보단)은 선거를 공포 분위기로 몰아갔다. 언론과 유엔위원단도 이 문제에 대해 우려를 나타냈다. 미국에서도 비밀 투

표가 유지될지 염려했다. 그런 가운데 임기 2년의 국회의원을 뽑는 남한 단독 총선거가 치러졌다.

유엔위원단은 5·10 선거가 끝난 사흘 뒤에 "이번 선거는 일부 세력이 불참하였고 향보단이 투표소를 감시한다는 명목 아래 자유 분위기를 파괴하였으므로 본 선거 효과에 대해서는 보류한다"라고 발표했다가 이후 다시 "본 선거는 대체로 자유 분위기 속에서 실시되었다"라고 발표하여 마무리했다.

5월 31일에 역사적인 제헌국회가 제주도 국회의원 2명이 없는 가운데 열렸다. 제헌국회는 1948년 7월 17일에 '대한민국 헌법'을 공포했다. 헌법에 따라 대통령 선거는 국회에서 간접 선거로 치러졌다. 이승만은 국회의원 180표를 얻어 대통령에 당선되었다.

대통령에 당선되자마자 이승만은 정치적으로 위기에 몰렸다. 의회에서 반민족행위특별법(반민법)이 통과되어 공포되었고, 이에 따라 반민족행위특별조사위원회(반민특위)가 구성되었기 때문이다. 이승만 대통령을 지지하는 정치 세력은 대부분 친일파 출신이었다.

여전히 통일 정부에 대한 국민의 열망은 뜨거웠다. 김구의 인기는 날이 갈수록 높아져갔다. 김구와 김규식은 대한민국 정부 수립 한 달 뒤인 9월 15일에 프랑스 파리에서 열리는 유엔총회에 한국 전 지역에서의 총선을 요구하는 서신을 보냈다. 미군 철수도 시작되었다. 이승만 대통령으로서는 당혹스러웠다.

정치적 위기를 돌파할 방법은 하나였다. 12월 열릴 유엔총회에서 대한민국 정부 수립을 인정받는 것이었다. 이승만 정부는 이를 위해 제주 사태를 해결하는 데 총력을 기울인다.

파두기

무장대 지도자들의 월북-섬을 버린 장두들

북한은 자신들이 세울 정부는 통일 정부라는 것을 강조하기 위해 남과 북에서 각각 대의원(국회의원)을 뽑을 생각이었다. 이에 따라 남측 대의원을 선발할 1080명의 대표자를 뽑기 위한 선거가 남한에서 치러졌다. 미군정 아래의 남한에서 버젓이 선거를 치를 수는 없었기 때문에 이 선거를 '지하 선거'라고 한다.

제주에서 지하 선거는 4·3의 여파로 백지에 손도장만 찍어 주는 백지 투표 형식으로 치러졌다. 아무나 지지한다는 뜻이었다. 일부는 자발적으로, 일부는 강제로 백지 투표에 날인을 했는데 그것이 결국은 학살의 근거가 되기도 했다. 제주에서는 6명이 남한 측 대표자로 월북했다. 여기에는 무장대 총책 김달삼도 있었다.

남한 측 대표자들은 38선이 가까운 황해도 해주에 모여서 대의원 360명을 뽑았다. 이들이 북한에서 선출된 대의원 212명과 함께 최고인민회의(국회)를 구성하여 헌법을 제정하고 김일성을 초대 수상으로 선출했다. 이로써 남과 북에는 이념과 체제를 달리하는 대한민국과 조선민주주의인민공화국이 수립되어 오늘날까지 이어지고 있다.

월북했던 제주도 대표자들은 돌아오지 않았다. 4·3을 일으킨 주역들이 남한 정부가 아니라 북한 정부를 선택하고 돌아오지 않은 것은 제주에 피바람을 불러왔다. 제주도 무장대가 북한과 연결된 조직처럼 되어버린 것이니까 말이다.

제주 민란의 전통에서 장두가 민중을 버린 경우는 없었다. 김달삼의 월북은 제주 사람들에게는 충격이었고, 그를 평가절하하기 시작했다. 김달삼에 이어 무장대 총책이 된 이덕구는 끝까지 제주 사람들과 함께하며 죽음을 선택했다. 그는 이재수와 같은 장두로서 인정받았다.

파송송

소년이 본 백지 투표

"어느 날 아침이었다. 누군지 동네 사람들은 모두 국민학교 운동장으로 모이라고 했다. 많은 사람들이 모이자, 뭐라고 한바탕 연설을 하더니 이곳저곳에서 국민학교 아이들부터 할머니 할아버지에 이르기까지 모두 다 서명을 하지 않으면 안 된다고 하면서 손도장을 찍으라고들 했다.

지금도 어렴풋이 기억하고 있지만, 최후의 한 사람까지, 아니 최후의 한 방울의 피까지라도 아끼지 않고 싸워야 한다고 하던 말은 내 귀에서 사라질 줄을 모른다. 적이 이편을 막으면 우리는 저편으로 갈 수 있다거니 하면서 그 사람들은 미친 듯이 떠들었던 것이다."

– 임두홍, '4·3 폭동', 〈경향신문〉, '내가 겪은 사건 당선작', 1964년
(제주 중산간 지역에 있는 봉개와 회천 두 마을의 중간에 있는 외할아버지 집에서 6세 소년 임두홍이 겪은 4·3 이야기)

레드 헌트,
사냥이 시작되다

1948년 8월 15일에 대한민국 정부가 수립됨으로써 미군정 시대가 끝났어. 이로써 우리나라는 외국에서 수백 년간 피 흘려 싸워 얻은 민주주의 헌법을 단숨에 얻게 되었지.

남과 북에서 각각 대한민국과 조선민주주의인민공화국이 수립되던 여름에, 제주도에도 일시적인 평화가 찾아와. 언론, 정당, 단체 등에서도 이제 새로운 정부가 수립된 마당에 동족 상잔의 비극도 마무리하자는 분위기였어. 하지만 이승만 정부는 그럴 생각이 조금도 없었어. 정부가 수립된 지 보름도 안 돼서 응원 경찰 800명을 포함한 대규모 응원 경찰을 제주에 속속 보내.

"다시금 겨레끼리 피를 흘리지 않으면 안 될 새로운 화근이란 대체 과연 무엇일까."(〈조선일보〉, 1948년 9월 3일)-이렇게 비통한 심정을 밝히는 언론도 있었지만 상황을 바꾸는 데 아무런 영향도 끼치지 못했지.

정부는 소련 혹은 북한의 선박 혹은 잠수함이 제주 해상 근처에 나타났다는 정보를 흘렸고, 언론이 이것을 보도하자 제주에 대한 작전을 시작해. 물론 이미 제주 해안과 공중까지 완전히 봉쇄해서 개미 새끼 하나 드나들 수도 없었어. 북한도, 소련도 제주도에는 조금도 관심이 없었고 말이야. 하지만 이미 남북 양쪽에 서로 다른 체제를 지향하는 적대적인 정부가 수립된 까닭에 그것만으로도 국민들이 분노와 공포심을 느끼는 데 충분했지.

가을이 되자 제주 경찰청장의 자리에 홍순봉이 임명돼. 그는 일제강점기에 한국인으로서는 가장 높은 경찰 간부 자리에 올랐었어. 그가 재임한 1년여 동안 제주에서는 무시무시한 학살극이 펼쳐졌지.

군인은 물론 경찰까지 참여하는 새로운 군경 합동 토벌대가 만들어졌고 제주 출신들은 완전히 배제돼. 인정사정을 두지 않는 잔인한 토벌을 위해서였지. 미군은 이 작전을 '레드 헌트', 즉 '사냥'이라고 했어.

대토벌은 1948년 10월 17일에 제주 주둔 9연대 송요찬 연대장의 포고문으로부터 시작돼. 소개령이라고도 불리는 이 포고문의 내용은 요약하면 이랬어—'해안선으로부터 5킬로미터를 넘어서는 지역에서는 발견만 돼도 이유를 묻지 않고 폭도로 인정하여 총살에 처할 것이다'.

제주도는 해안가만이 아니라 중산간 지역인 '웃드르'에도 마을이 많이 있었고 해안가 마을 사람들의 농사 터전도 있었어. 집을 떠나면 갈 데도 없고, 수확 철에 밭을 버릴 수도 없는 사람들이 있었지만 토벌대는 인정사정이 없었어. 어디로 가서 어떻게 지내란 말도 없이 순식간에 중산간 마을이 불태워져.

수많은 사람들이 하루아침에 삶의 터전을 송두리째 빼앗겼어.

토벌대가 오는 모습을 보고 젊은 사람들은 일단 산으로 도망쳤어. 하지만 몸이 불편한 사람들은 떠나지 못했다가 토벌대를 만났고, 총에 맞아 죽었어. 조, 고구마, 콩, 메밀 등을 수확하러 웃드르 밭에 나갔던 사람들이 속절없이 죽거나 잡혔어.

이승만 정부는 그것으로도 만족하지 못해서 여수에 있는 군부대를 제주도에 보내려고 했어. 여수의 병사들은 '동족의 가슴에 총구를 겨눌 수 없다'며 반란을 일으켜. 이것이 여순 사건이야.

여순 사건을 제압하고 난 뒤인 1948년 11월 17일에 이승만 정부는 무소불위의 세 글자, '계엄령'을 제주 전역에 선포해. 정부는 이 사실을 꼭꼭 숨겨. 특별히 계엄령을 선포해야 할 이유가 없었기 때문이었거든. 무장대는 여전히 활동을 거의 하지 않았고, 중산간 지역 사람들은 저항할 능력도 의지도 없는 사람들이었어.

더군다나 관련 법률이 없었어. 제헌헌법 제64조에 '대통령은 법률이 정하는 바에 의하여 계엄을 선포한다'라고 했지만 계엄법은 1년이 지난 1949년 11월 24일에야 공포돼.

'법률이 없으면 범죄도 없고 형벌도 없다'-이것이 법치국가의 기초를 이루는 죄형법정주의야. 국가는 법에 의해서만 국민을 처벌할 수 있고, 그 법이 정한 이상의 처벌을 해서는 안 돼. 하지만 이승만 정부에게는 법이 있건 없건 아무런 문제도 되지 않았어. 곧 다가올 유엔총회에서 대한민국 정부가 한반도 유일한 합법 정부로서 승인받기 위해 정부에게 토를 다는 세력을 가만 놔둘 수 없었거든.

곧 제주 계엄사령관에는 송요찬 연대장이 임명돼. 법이 없으니 해석은 사령관 마음대로였지. 제주 사람들의 목숨은 일본군 하급 장교 출신의 31세 계엄사령관의 손에 달렸고, 결국 제주는 무법천지의 나락으로 떨어져버렸어.

재판 없이 수많은 생명을 즉결 처형하는 것, 제주도민은 계엄령을 그렇게 알아야 했어. 전쟁 중인 군인이 적과 싸울 때

무죄 추정의 원칙이 의미가 없듯이 제주 사람들은 대한민국 군인들의 적이었어. 토벌대는 젊은 남자들만이 아니라 남녀노소를 가리지 않고 어린아이부터 노인까지 무차별적으로 처형을 시작했어. 처형되지 않고 운 좋게 체포되었다 해도 모진 고문이 기다렸지. 모진 고문을 이겨낸다고 해도 유죄 판결을 받아서 수형인이 돼. 비무장 민간인인 그들은 군사 법정에 서야 했고, 그들에게 법정은 계엄법 위반이 아닌 형법의 내란죄 위반을 저질렀다고 했어. 계엄법이 없었기 때문이지.

13세 소년이 고문을 받아 목숨을 잃었다는 소식이 언론마다 보도되고 이로 인해 경찰이 체포되기도 했던 때가 1948년 9월이야. 이후 제주도는 꽁꽁 봉쇄되었고, 그 어떤 소식도 오갈 수 없었지. 오로지 '보도 통일과 정확성을 기하기 위해서'라며 정부는 모든 기사를 미리 검열했어. 모든 보도는 늘 "다수의 적 사살, 국군 측 피해 전무"만을 반복해.

수만 명이 죽고 체포되고 고향을 잃는 등 제주는 아수라장이 되었는데도 정부는 늘 폭도의 수가 500명 안팎이란 말만을 반복했어. 1948년 4월에도 그랬고, 12월에도 그랬고, 1949년이 되어서도 마찬가지였지. 왜 수가 줄지 않는지는 말하지 않았어. 그리고 왜 무시무시한 폭도들과 싸운다는 군인들이 거의 피해가 없는지도 설명하지 않았어.

국회에서도 제주 사태에 대한 이야기가 오갔지만 다른 현안들의 뒷전으로 밀렸어. 국회의원들에게 제주에서 벌어지는 학살극은 서울에 전기가 제대로 공급되지 못한다거나 보리 공출 같은 일보다 중요하지 않았어. 당시 국회에서 제주도에 대해 가장 치열하게 논의한 안건은 제주도를 예전의 濟州島로 바꿀 것인지, 그대로 濟州道로 놔둘 것인지였다고 해. 제주는 완전히 고립된 채 누구의 관심도 끌지 못했어.

1948년 겨울, 제주에서는 산 자도 죽은 자도 지옥 속에 있었어.

여순 사건과 국가보안법

1948년 10월 15일, 여수에 주둔하고 있던 국방 경비대 14연대는 육군 사령부로부터 4일 후 1개 대대를 제주도로 출동시키라는 명령을 받았다. 그러나 그들은 제주도 진압 대신 반란을 선택했다.

정부는 여수와 순천 지역에 계엄령을 선포하고 진압에 나섰다. 주한 미군 군사 고문관의 지휘 아래 탱크와 군함, 전체 육군 병력의 3분의 1을 비롯하여 해군과 공군력이 총동원되었다.

토벌군이 여수를 탈환했을 때 반란군 1000여 명은 이미 지리산 등으로 도주한 상태였다. 토벌군은 잔인한 복수극을 벌였다. 토벌군은 반란군 가담자를 찾아낸다면서 마구잡이로 시민들을 학살했다. 총 2600여 명이 죽고 2만여 명의 이재민이 발생했다.

2021년에 국회는 '여수·순천 10·19 사건 진상 규명과 희생자 명예 회복에 관한 특별법(여순 사건 특별법)'을 의결했다. 이로써 사건의 진상을 밝히고 희생자와 유족들의 억울함을 풀 수 있는 길이 열렸다.

수준 높은
작전

계엄령까지 내렸지만 제주 사태가 끝나지 않자 이승만 대통령
은 서북청년단 총회를 직접 찾아가 호소해–"이 국난을 수습하
기 위하여 사상이 투철한 여러분이 필요합니다".

대통령까지 나서서 독려하자 많은 서북청년단원들이 제주
파견에 지원해. 그들은 글을 알면 경찰로, 글을 모르면 군인으
로 제주에 들어와.

군인으로 들어온 이들은 특별 중대로 편입되었어. 특별 중

대는 이름 그대로 특별한 취급을 받으면서 특별한 일들을 벌였어. 거리낌 없이 부녀자들을 겁탈하고, 할아버지와 손자가 서로 뺨을 때리게 하는 등 온갖 패륜 행위를 시켜. 남자와 여자들을 발가벗겨서 치욕스러운 행위를 강요한 뒤 데려가 처형하기도 했어. 남자고 여자고 무조건 발가벗긴 후 천장에 매달아서 물고문과 성고문을 일삼아. 손톱 끝을 못으로 찌르고 살갗이 고구마처럼 벌겋게 되도록 매질을 했어. 이들이 주둔했던 해안가 마을은 삽시간에 죽음과 공포에 휩싸였지.

고문을 이기지 못한 이들이 거짓으로라도 자백하면 그들을 해안가 모래사장으로 끌고 가 총살해. 총소리가 멎으면 여인들은 겹겹이 쌓인 시체 사이에서 남편과 아들을 찾기 위해 필사적이었지. 시체라도 찾으면 다행이라고 여겼어. 많은 집에서 시신 없는 묘를 만들어야 했고, 죽은 날을 몰라 생일날 제사상을 차리기도 했거든.

당시 성산면의 대표적 우익 단체 대동청년단의 단장은 이렇게 말했어─"(성산포) 주정 공장 창고 부근에는 부녀자와 처녀들의 비명 소리가 끊이지 않았습니다. 서청은 여자들을 겁

탈한 후 시시덕거리기도 했습니다".

서청 출신 경찰의 잔혹함도 특별 중대에 뒤지지 않았어. 폭도의 아이는 세상에 나와서는 안 된다는 이유로 임신부를 나무에 매달아 칼로 찌른 일도 있었어. 제주 사람들에게 팽나무는 마을을 지키는 존재였지만 하귀리 사람들은 훗날 비학 동산의 팽나무를 잘라버렸지.

삼양 지서의 서청 출신 경찰들은 이렇게 말했어—"하루라도 사람을 죽이지 않으면 밥맛이 없다".

그들은 임신한 젊은 여자를 발가벗긴 뒤 몹쓸 짓을 하고 휘발유를 뿌려 태웠고, 산 채로 매장했어. 남편이 산으로 올라갔기 때문인데 그런 경우를 '도피자 가족'이라고 해. 그들 부부는 부모 형제까지 몰살당했지. 그러나 남편은 한국전쟁이 벌어지자 산에서 내려와 대한민국 군인으로 참전했어.

그토록 잔인한 짓을 벌인 그 경찰 중 한 사람은 유치장에 갇힌 어느 여인을 사랑해서 순정을 바쳤던 평범한 청년이었다고 해. 도대체 무엇이 그를 악마로 만든 것일까.

서북청년단에게 당한 것은 노약자나 젊은 남자들만이 아니었어. 제주도청 2인자인 총무국장 김두현도 그들에게 맞아 죽어. 국가 비품을 내놓으라는 협박에 굴하지 않은 죄였지. 그러나 관련자들은 아무도 벌 받지 않았어.

"우리가 죽인 자들은 공산주의자였습니다"-그들은 이렇게 말했고, 그것으로 충분했어.

살기 위해 우익청년단체에 가입한 젊은 사람들도 학살에 가담하기 시작해. 대동청년단은 물론 전국통일학생총연맹(학련)이 경찰 행세를 하고 다니며 곳곳에서 교사들을 잡아가는 데 앞장섰어. 3·1절 발포 사건과 뒤이은 총파업에 가장 앞장섰던 까닭에 제주도 교육계는 제자들로 이뤄진 학련에 의해 죽음의 교단으로 변하고 말았어.

가을 내내 제주에서 초토화 작전을 벌이는데도 사태가 마무리되지 않자 정부는 2연대와 교대하도록 해. 여순 사건에서 전과를 올린 2연대가 들어온다는 소식은 9연대 사람들의 마음을 흔들었지. 9연대와 2연대는 경쟁적으로 들판을 피로 물들여. 대부분의 희생자가 나온 기간은 이들의 교체 시기인 1948년 11월부터 1949년 2월까지야. 15세 이하 어린이와 61세 이상의 희생자 중 80퍼센트가 이때 학살돼. 마을마다 같은 날 제사를 지내는 집들이 많은 때도 이때였어. 집단 학살이 수없이 벌어졌기 때문이었지.

당시 9연대 장교였던 김정무 씨는 국회에서 이렇게 증언해─"그때에 초토화 작전이라는 말을 했는데, 싹 쓸어버린다는 말이었다. 그러니까 (중산간 마을) 거기에 있는 사람은 적이라는 작전 개념이었다". 김정무(준장 예편, 육사 2기 동기회장), 2002년 9월 25일

중산간 마을에서 해안 마을로 이주했다고 해도 가족 중 한 명이라도 없으면 이유를 묻지도 않고 도피자 가족으로 처형했어. 이것을 대신 처형한다고 해서 '대살'이라고 불렀어. 공개적으로 마을 사람들을 모아놓고 처형했기 때문에 '관광 총살'이라고도 했어. 사람들은 다시 산으로 도망치기 시작했지.

가족들의 끔찍한 학살에 대한 분노가 무장대에게 복수심을 불러일으켜. 흥분한 무장대들은 복수심에 불타 우익 마을을 약탈하기 시작해. 주민들은 치를 떨었고, 이제는 그들을 친근한 '산사람'이 아니라 무서운 '산폭도'라고 부르기 시작했어.

　무장대의 습격은 토벌대의 복수를 불렀어. 물론 이번에도 복수의 대상은 도피자 가족이거나 숨어있는 마을 사람들이었지. 다랑쉬 굴에 숨어있던 어린아이를 포함한 11명은 토벌대에 의해 연기에 질식해 죽어. 굴은 돌로 막아버렸고 시체는 오랫동안 방치되었다가 44년 만인 1991년 겨울에 제주 4·3 연구소에 의해 세상 밖으로 나오지.

　제주 사람들은 고문에 못 이겨 동네 사람들의 이름을 팔아야 했고, 그 명단은 학살의 근거가 되었어. 두려움에 떨던 이들은 자수하면 용서하겠다는 말에 너나없이 희망을 걸 수밖에 없었지. 많은 사람들은 3·1절 집회에 참가하거나, 왓샤 시위에 참가하거나, 무장대에게 쌀을 보내거나, 그 여름 백지 투표에 손도장을 찍었거든. 이들은 살기 위해서는 지옥 불에라도 뛰어들어야 했어. 그러나 그들을 기다린 것은 사면장이 아니라

지옥이었지. 조천면에서 자수한 200명을 태운 트럭이 닿은 곳은 제주읍내 박성내라는 냇가였어. 군인들은 10명씩 줄을 세운 뒤 차근차근 총살했어.

토벌대는 무장대 복장을 하고서 민가에 들어가 함정을 파는 '함정 토벌'도 벌였어. 무장대가 와도 무섭고, 토벌대가 와도 무서웠기 때문에 '곰도 무섭고 범도 무서운 세상'이라고 사람들은 말했어.

하루 수십 명에서 수백 명이 들에서, 집에서, 해안가 모래밭에서 처형되었지만 어느 누구도 자신들이 무슨 법을 위반해 죄를 지었는지 듣지 못했어. '재판을 받을 권리, 무죄 추정의 원칙, 변호사를 선임할 권리' 같은 것은 사치였어. 제주 사람들은 더 이상 살려달라는 말을 하지 않았어. 끌려가는 그들의 마지막 소원은 칼이 아니라 총으로 한 번에 죽는 것이었지.

9연대의 눈부신 활약을 당시 미군 보고서는 이렇게 표현해-"최근 제9연대의 진압 작전이 계속적으로 성공을 거두고 있다. … (그 이유 중 하나로) 수준 높은 작전을 전개하려는 욕망과 제2연대 성공자들의 훌륭한 업적에 부응하려는 욕망 때문이다".

마침내 12월 30일에 계엄령이 해제되었고, '수준 높은 작전으로 눈부신 성공'을 거뒀다고 칭찬받은 9연대는 떠났어. 그리고 함병선 연대장이 이끄는 2연대가 제주에 짐을 풀어.

파슝슝

서북청년단
출신들의
증언

"대통령의 허락 없이 어느 누가 재판도 없이 민간인들을 마구 죽일 수 있는 권한이 있겠느냐. 앞뒤 가리지 않고 공산당을 없애야 한다는 명분 하나를 앞세워 현지 사정도 잘 모르는 대원들을 대거 투입하는 등 이승만이 우리를 이용했다." 박형효(당시 서청 출신 경찰)

"우리의 배후에선 이미 당시의 군정 경찰이 있었고 행동의 철학은 이승만 박사로부터 나오고 있었음을 솔직히 고백하지 않을 수 없다. … 당시는 미군정의 '민주주의'에 의해 좌익 활동도 합법적이었으므로 경찰이 능동적으로 좌익 타도에 나설 수는 없었다. 평청(서북청년회의 전신)은 같이 일할 만한 경찰의 전위 부대로서 안성맞춤이었다.

제주도엔 이미 47년 봄부터 대원들이 파견되고 있었지만 본격적인 진출은 4·3 폭동 이후였다. 조병옥 경무부장의 요청으로 500명의 대원이 하루아침에 경찰로 임관되어 … 사태가 얼마나 급했던지 송요찬 소령은 그때 김재능 (서청)제주지부장을 앞세우고 상경, 내 앞에 꿇어앉아 '나, 병력 좀 주셔야겠습니다'라고 빌다시피 했다. … 제주도는 서청판이었던 것이다."문봉제(당시 서북청년단장), 〈중앙일보〉 기고문

계란탁

〈집단 살해죄 방지와 처벌에 관한 협약〉과 〈세계 인권 선언〉

제주에 계엄령이 내려지고 집단 학살이 절정으로 치닫고 있던 1948년 12월, 유엔총회가 시작되었다. 여기에서 찬성 48표, 반대 6표, 기권 1표로 한반도 유일의 합법 정부로 한국 정부가 승인되었다. 총회에서는 두 차례의 세계대전에서 인류가 저지른 끔찍한 범죄에 대한 반성으로 〈집단 살해죄 방지와 처벌에 관한 협약〉과 〈세계

인권 선언〉도 채택되었다.

집단 살해죄, 즉 제노사이드(Genocide) 범죄는 '국가 권력이 특정 집단 구성원을 절멸할 의도를 갖고 체계적인 계획 속에서 실행한 집단 학살'로 1945년 독일의 유대인 학살에 대한 전범 재판에서 처음으로 적용되었다.

함께 채택된 〈세계 인권 선언〉에는 생명·자유 및 신체의 안전에 관한 권리, 즉 임의의 체포, 구금 또는 추방으로부터의 자유, 독립적이고 공평한 재판소에서 공정하고 공개적인 재판을 받을 권리, 사상과 양심 및 종교의 자유, 평화적인 집회·결사의 자유 등이 포함되었다.

그러나 제주도에서는 대한민국 헌법으로부터도, 국제법으로부터도 보호받지 못한 채 집단 살해와 인권 침해가 자행되었다. 유엔은 이에 대해 아무런 논평도 내놓은 적이 없다. 제주도에서 벌어진 초토화 작전은 베트남전에서 미군에 의해 반성 없이 사용되었다.

"1948년 제노사이드 범죄의 방지와 처벌에 관한 국제 협약에서, 제노사이드는 유엔의 정신과 목적에 위배되고, 문명 세계에 의해서 단죄되어야 하는 국제법상 범죄임을 명시했다. 1949년 제네바 협약은 전시(戰時)에서도 민간인에 대해서 △

고의적인 살인 △고문 등 비인간적 행위 △고의적인 괴롭힘이나 신체 상해 △군사적 목적으로 정당화될 수 없는 대량 파괴와 약탈 등을 금하도록 규정했다. 더 나아가 모든 재판상의 보장을 부여하는 재판에 의하지 않은 판결 및 형의 집행을 인정할 수 없다고 명시했다.

그러나 1948년 제주 섬에서는 이런 국제법이 요구하는, 문명 사회의 기본 원칙이 무시되었다. 특히 법을 지켜야 할 국가 공권력이 법을 어기면서 민간인들을 살상하기도 했다. 토벌대가 재판 절차 없이 비무장 민간인들을 살상한 점, 특히 어린이와 노인까지도 살해한 점은 중대한 인권 유린이며 과오이다. 결론적으로 제주도는 냉전의 최대 희생지였다고 판단된다. 바로 이 점이 4·3 사건의 진상 규명을 50년 동안 억제해온 요인이 되기도 했다."

– 〈제주 4·3 사건 진상 조사 보고서〉 중에서

그 겨울 들판에서는

잔인한 1948년이 저물고 새해는 2연대의 군화 발자국 소리와 함께 밝았어. 막 도착한 그들은 제주 지리에 어두워서 해안 지역을 중심으로 작전을 벌이며 서서히 지리를 익혀갈 생각이었지. 그러나 그것은 오산이었어. 중산간 마을이 완전히 사라져버리자 무장대가 식량을 구하기 위해 오히려 해안 지역까지 나타났기 때문이야.

무장대가 활동을 시작하자 2연대의 피해가 속출했어. 그러자 2연대는 즉시 보복에 나섰는데 아니나 다를까, 그들 또한 복수의 대상은 주민들이었지. 보복 학살이 곳곳에서 벌어져.

중산간 마을 의귀리에서는 무장대의 공격에 대한 보복으로 의귀 국민학교에 수용되었던 마을 주민이 몰살당했어. 이렇게 학살된 경우 시신을 수습하기도 어려워. 토벌대에게 학살되면 폭도 취급을 받기 때문이었지. 유골은 아무렇게나 버려졌고, 30년 가까이 지난 1976년에야 자신의 가족이 매장되어있다고 확신한 유족들이 봉분을 쌓고 성묘를 시작해. 이들은 서로를 친척으로 여겨 의로운 사람들을 기리는 비석 '현의합장묘'를 세워 안타까운 죽음을 애도했어.

북촌리에서는 제주 4·3 최대의 비극적 사건이 벌어져. 무장대의 공격으로 군인 2명이 숨지자 토벌대가 그 보복으로 마을을 불태우고 주민 400여 명을 총살해버려. 그날이 섣달(음력 12월) 18일, 소설 〈순이 삼촌〉의 배경이 된 사건이기도 해. 훗날 당시 사건을 지켜보았던 경찰의 증언은 더 충격적이었어. 이 학살극이 벌어진 이유는 오로지 2연대 3대대 군인들에게 실전 연습 기회를 충분히 주기 위해서였다는 거야. 이 부대는 예전 서북청년단 출신으로 만든 특별 중대였어. 9연대는 떠났지만 특별 중대는 남아서 이름만 바꾼 채 여전히 학살의 주역으로 맹활약했지.

새해가 되자 가장 몸이 달아오른 것은 이승만 대통령이었어. 미국이 1억 5000달러라고 하는 당시로서는 천문학적인 원조를 주는 조건으로 대한민국이 순결한 반공 국가여야 한다고 했기 때문이지. 언론들은 제주도를 극동의 반공 보루라는 새로운 시험장으로 삼는다고 지적하기도 했지만 이승만 정부는 눈 하나 깜짝하지 않았어. 미국으로부터 원조를 받을 수만 있다면 그걸 나눠줄 권리를 가진 이승만 대통령의 권좌는 탄탄해질 터였거든. 돈 앞에서 누가 감히 거역할 수 있을까?

대통령은 (1949년 1월 21일) 국무회의에서 이렇게 말해-"제주도, 전남 사건(여순 사건)의 여파를 완전히 뿌리 뽑아야 미국의 원조가 적극적으로 이루어질 것이다. 지방의 악당을 가혹한 방법으로 탄압하여 법의 존엄을 표시할 것이 요청된다". 법의 존엄은 가혹한 탄압이 아니라 공평하고 엄격한 법 적용과 집행에서 나온다는 것을 19세기 조선에서 태어난 대통령은 모르는 것일까?

다시 제주도에 대한 총공세가 준비되었어. 시작은 언제나처럼 외부 세력 출몰설이었지-"소련 표시를 한 배 두 척이 제주 해안에 나타났는데 제주도 무장대를 지원하기 위한 북한의 물자를 싣고 있다".

외부 세력 출몰설은 이번에도 주효했고 육·해·공군 연합 작전이 승인되었어. 바다에선 함포가, 하늘에선 미국산 최첨단 전투기의 수류탄과 폭탄이 엄호하는 가운데 육군 2연대 병력은 한라산 일대를 샅샅이 수색했으니 무장대는 독 안에 든 쥐였지. 수백 명씩 사살하고 수백 명씩 포로로 잡아. 그런데도 무장대의 수가 400명에서 변하지 않는 신기한 마법은 여전히 이어졌어.

마법의 이유는 단순해. 토벌대에게 당한 사람들은 아직도 중산간 지역을 떠나지 못하는 노약자들이었기 때문이야. 그들에겐 어차피 해안가 마을도 지옥이었으니까 그냥 불탄 자리에 움막을 짓고 살거나 근처 숲이나 궤라고 하는 동굴에 숨어있다가 토벌대와 맞닥뜨린 것이지.

해안에서 멀리 떨어진 봉개, 용강, 회천 마을도 느닷없이 들이닥친 토벌대에 의해 쑥대밭이 되었어. 허겁지겁 도망친 흔적들이 난무했고, 어떤 이들은 나무 위로 도망치기도 했지만 죽음을 피하진 못했지. 나뭇가지에 빨래처럼 시신들이 매달려 있었다고 해.

'360명 사살, 1300명 포로, 식량과 의류 등을 압수. 압수품 중 총기류는 없음'-토벌대는 이 마을에서 거둔 성과를 의기양양하게 보고했고, 언론도 치열한 전투 끝에 거둔 놀랄 만한 성과라고 칭송해. 누가 봐도 비무장 민간인이 분명한데 그들은 정말 몰랐을까.

토벌대는 이곳을 불태워 깡그리 없앤 뒤 새롭게 마을을 만들어주면서 연대장 함병선과 작전 과장 김명의 이름을 따서 함명리로 지어. 그러나 모든 일이 끝난 후 마을 사람들은 그 이름을 치욕스러워했고, 예전의 이름으로 돌아가버렸지.

중산간 지역 어음리에 있는 빌레못 굴에서도 참혹한 일이 벌어져. 토벌대는 굴에 숨어있던 주변 마을 사람들에게 자수를 권해놓고 굴에서 나오는 대로 차근차근 총살했어. 그걸로 도 모자라 어린아이 둘은 끔찍한 방법으로 죽였어. 학살을 피해 더 깊은 곳으로 숨었던 어머니와 젖먹이 아이는 결국 다시는 햇빛을 보지 못한 채 오랜 시간이 지난 뒤 유골로 발견되었지. 당시 굴 안쪽에 숨어서 이 모든 것을 지켜본 유일한 생존자인 양태병 씨는 증언을 마치며 이렇게 덧붙였어-"인간으로서 차마 그럴 수는 없는 일입니다. 분명히 학살자들은 그 죄로 곱게 죽지 못했을 겁니다".

경찰을 돕기 위해 마을마다 민보단이 만들어졌어. 이들 중 젊은 사람들은 특공대로 따로 만들어. 그들은 변변한 무기 하나 없이 죽창이나 철창만을 들고 진압 부대의 맨 앞에 서서 길 안내를 해야만 했어. 4·3 기간 동안 경찰과 군인보다 그들의 희생이 더 많았어.

마을 사람들은 자경대를 만들어서 마을 입구와 경찰서를 지켜. 마을을 둘러 성을 쌓고 망루를 세우기도 했어. 이미 젊은 남자들은 마을에서 자취를 감춘 터라 노인과 부녀자들이 이 일을 감당해야 했지. 토벌대의 식사도 준비해야 했어. 벼농사를 거의 짓지 못하는 제주 사람들은 보리나 조를 넣은 밥을 먹기도 힘들 지경이었지만 토벌대에게는 쌀밥을 지어서 주어야 했고, 소를 잡아 바쳐야 했지.

무수한 민간인들의 시체가 겨울 들판에, 해안가 도랑에, 바닷가 모래밭에 쌓여갔어. 이 모든 것이 전과로 보고되었지. 미군 보고서는 이런 전과에 대해 이렇게 말해-"토벌대가 섬 안쪽 산악 지역의 모든 주민들을 자동으로 폭도로 분류할 때 비로소 성립되는 것이다".

들판은 도망 다니는 제주 사람들과 그들을 쫓는 군인들의 발자국 소리로 어지러웠어. 겨울은 혹독하게 추웠고, 봄은 쉽게 오지 않았지.

곽학송의 소설
〈집행인〉

1927년 평안북도 정주에서 태어난 곽학송은 제주 4·3 당시 토벌대로 활동했던 일을 소설로 남겼다. 서북 청년단 출신들로 이뤄진 2연대 3대대에서 활동했던 주인공이 20년 후의 이야기를 그린 〈집행인〉은 가해자들의 입장을 통해 4·3을 볼 수 있는 몇 안 되는 소설이다. 2연대 3대대는 소설 〈순이 삼촌〉의 배경인 북촌리 학살 속의 그 군인들이 소속된 군대다.

소설에서 주인공 현수와 기호, 병수는 이북에서 내려와 제주도의 토벌대에 들어온 군인들이다. 그들은 제주도 출신이자 절친인 민구를 같은 토벌대에서 만난다. 그들 부대는 민구의 아내가 있는 중산간 지역 D리를 덮치고 사람들을 총으로 쏴 죽인다. 동굴에서 이 광경을 목격한 민구는 그 일을 계기로 토벌대를 그만두고 한라산으로 입산하여 무장대에 합류한다. 얼마 후 기호와 현수는 토벌대에게 잡힌 민구를 총살한 뒤 그 자리에 비석을 만들어준다.

20년 후, 현수는 한강에 엄청난 홍수가 나자 관청의 요청으로 사람들을 실어 나르는 나룻배를 운영한다. 그러나 나룻배가 뒤집히는 바람에 7명이 죽는다. 현수는 그 일과 제주에서 자신이 벌인 학살이 겹쳐오기 시작한다. 기호는 현수의 죄책감에 대해 이렇게 말한다.

"이미 지난 일에 골몰할 건 없어. 그까짓 일곱쯤 가지고 뭘 그래. 월남(베트남)이나 중동에선 한꺼번에 몇십, 몇백씩 죽어가는데, 먼 곳의 예를 들 것두 없지. 어제 영남 지방에서 버스 사고로 30명이 몰살당했어."

그러면서 "문명의 발달에 따르는 희생"이라고 죄책감을 갖지 말라고 한다. 하지만 현수는 '그 7명의 익사자도 결국 나의 손으로 집행되지 않았는가'라고 생각한다.

현수는 민구를 쏘고 비석을 세워두었던 그 장소를 찾아 제주에 온다. 뜻밖에도 그곳엔 민구가 있었다. 그때 민구는 총에 얼굴을 맞고 분화구 아래로 떨어졌지만 그곳에 숨어있던 사람들의 도움으로 살아났다. 그러나 민구는 '주먹만 한 구멍이 뻥 뚫려 있는 왼쪽 눈, 3분의 2쯤 달아나버려 흡사 말라붙은 오가리 같은 오른쪽 귀, 이마와 오른쪽 볼에 눈썹달만치 크기의 깊숙한 흉터'를 한 모습이었다. 민구는 기억을 점점 잃어가고 있었다. 그런 민구 앞에서 현수는 절규한다.

"나를 몰라보는 건가, 민구? 나를 용서 못하겠단 말인가? 용서해주게. 자넨 이런 말을 하지 않았나. 사형수가 사형 집행인을 원망하는 법은 없다구… 오판인 경우라도… 내가 뭐 잘못했나? 난 집행인에 지나지 않았단 말이야. 난 그 집행인이 안 되기 위해, 혼자 살아왔어… 왜 말이 없어? 정말 나를 몰라보는 건가, 민구…?"

이제 고원에는 햇빛이 한껏 널렸다. 이슬에 젖은 목초는 은빛을 발하고 있었고, 마침 어디서인가 들려오는 산새 소리와 더불어 민구의 한쪽 눈이 빛나며 짤막한 그의 목소리가 현수의 귀에 울렸다.

"모르쿠다."

#끓인 라면으로 차린 미완성 식탁
여전히 진행 중인
치유와 회복

처음부터
그랬더라면

드디어 제주에 봄이 왔어. 1949년 5월 10일, 제주 국회의원 재선거가 결정되었지. 이번에는 유엔 감시단이 제주에 내려올 예정이라 정부는 강경 진압보다는 **선무 공작***을 선택해. 해안 지역에 주둔했던 병력을 산악 지역으로 이동 배치했고, 그러자 해안 지역에서 벌어지던 대규모 학살이 비로소 멈췄어.

* 　민심을 안정시키고, 국가 정책을 주민에게 이해시키기 위한 활동.

이제는 중산간 지역에 숨어있던 주민들을 피난민으로 인정하고 그들에 대한 사면 계획도 시작해. 제주도 지구 전투사령부 유재흥 사령관이 총책임을 맡기 위해 내려와. 사령관은 서북청년단의 횡포를 막으면서 '과거 일은 묻지 않을 테니 안심하고 내려오라'고 달랬어. 숨어있던 주민들은 나뭇가지에 흰 천을 매달고 내려오기 시작했지.

총리도 내려오고 국방 장관, 국회의원도 내려오고 대통령도 찾아와서 위로의 말을 남기고 갔어. 뒤를 이어 유엔 한국위원단이 선거 참관을 위해 들어왔지. 재보궐 선거가 무사히 치러져서 2명의 국회의원이 탄생해.

주민들이 떠난 산악 지대에는 무장대들이 배회하고 있었어. 하지만 조금씩 조금씩 줄어들었고, 6월 7일 무장대를 이끌던 이덕구가 사살됨으로써 이제 그들은 초라한 비적 떼가 되어버렸지.

유재흥 사령관이 '하산을 하면 과거의 죄를 묻지 않고 생명을 보장해주겠다'고 했지만 선거가 끝나고 그가 제주를 떠나고 나자 다시 '묻지 마' 체포와 처형이 벌어져. 서북청년단 출신 부대가 제일 먼저 떠났고, 2연대도 떠나고 응원 경찰도 떠났지만, 새로 들어온 해병대 역시 제주를 공포의 섬으로 만들어.

1950년, 아직 제주 섬이 두려움 속에 있을 때 한국전쟁이 일어났고, 전장과는 먼 제주에서 또다시 있을 수 없는 일이 벌어져. 전쟁이 일어나자마자 내무부 치안국장(경찰청장)이 각 경찰서에 보낸 〈전국 요시찰인 단속 및 전국 형무소 경비의 건〉이란 긴 이름의 지시문 때문이었어. 요시찰인이란 보도연맹원을 비롯한 좌익 혐의자였어. 이들에 대한 예비검속이 시작된 것이지. 예비검속이란 죄를 지을지도 모르니 미리 가둬 놓는다는 것으로, 반인륜적 법이야. 해방이 되면서 미군정은 즉시 일제강점기의 예비검속법을 없앴고 당연히 대한민국 제헌헌법상으로도 용납할 수 없는 법이었지.

그러나 전국에서 수십만 명의 예비검속자들이 속속 잡혀 갔어. 제주도에서는 4·3의 여파로 훨씬 더 폭넓은 범위의 사람들이 경찰에 잡혀갔지. 그들은 영문도 모른 채 공장이나 창고 같은 곳에 갇힌 채 무더위와 싸웠어. 그해 여름이 다 가기 전에 그들은 쥐도 새도 모르게 어딘가에서 군인들에 의해 살해되었어.

체포자 수도 정확하게 파악이 안 돼. 체포 기록이 없었으니까. 수천 명이나 되는 제주 사람들은 바다에 수장되거나 엄격하게 통제된 군사 보호 구역 내에서 총살된 뒤 버려졌어. 시신이라도 찾게 해달라는 유족들의 간절한 요청도 허사였지. 이승만 정부가 철저하게 비밀에 부쳤거든. 이것이 바로 짓지도 않은 죄에 대해 재판도 거치지 않고 미리 처형부터 한, 문명국에서는 있을 수 없는 '죽음의 예비검속 사건'이야. 육지에서는 '국민보도연맹사건'이라고 해.

제주의 여름을 공포로 몰아넣었던 예비검속자를 향한 총성은 9월이 되자 멈췄어. 총살극을 주도했던 해병대는 전장이 다급해지자 제주에서 대원을 모집하여 떠났거든. 군인이 되면 살 수 있다고 생각한 제주 청년들은 3000명이나 해병대에 자원입대했어. 이들은 인천상륙작전에 참가하며 서울 수복의 주역이 되었고 적은 물론 귀신까지 때려잡을 정도였어.

제주 청년들은 해병대만이 아니라 육군으로도 한국전쟁에 참가하여 자신의 결백을 증명하기 위해 전장을 누볐어. 훈장을 받고 제대한 어느 청년은 자신을 공비로 몰았던 경찰서를 찾아가 울분을 토하기도 했지. 그리고 많은 사람들이 전사하거나 다쳤어.

전쟁으로 군인들이 전부 떠나자 경찰이 남은 무장대의 토벌을 담당해. 이미 산에는 더 이상 피난민들은 남아있지 않았어. 무장대는 마을을 습격하여 식량을 빼앗거나 사람들을 납치하면서 근근이 버텼지만 내분이 일어나 서로 죽이고 죽었어. 그러나 끈질기게 버티던 무장대의 마지막 숨통을 끊은 것은 토벌대의 무자비한 총구가 아니라 경찰의 귀순 공작이었어.

"귀순하면 생명을 보장하고 함께 살아갈 수 있게 해주겠다"-이 전단이 효과를 발휘하여 남은 무장대는 속속 귀순했어. 그들은 간단한 조사를 받고 경찰의 도움으로 새 삶을 부여받았지. 어쩌면 처음부터 그랬다면, 이 비극은 여기까지 오지 않고 마무리되지 않았을까?

국민보도연맹 학살 사건

국가보안법이 만들어진 후 좌익 세력을 '보호하고 지도한다'는 의미로 만든 것이 '국민보도연맹'이다. 이미 좌익 세력은 북으로 갔거나, 산으로 갔거나, 죽거나, 감옥에 간 뒤라서 보도연맹에 가입한 사람은 대부분 좌익과는 거리가 있었다. 군과 경찰, 공무원들은 실적을 채우기 위해 사탕발림으로 인원을 모집하거나 자기와 사이가 좋지 않은 사람을 억지로 집어넣기도 했다.

한국전쟁이 벌어지고 우리 군이 밀리자 좌익 세력이 북한군과 힘을 합칠까 봐 두려운 나머지 이승만 정부는 보도연맹원을 구금, 사살하라고 명령했고, 재판 없이 처형했다. 이것이 '국민보도연맹사건'이다.

이승만 정부는 학살과 관련한 정부 기록을 모두 소각하고 진상을 철저히 은폐했다. 또한 학살에는 군 정보 기관이 관련되었기 때문에 이들이 집권한 군사 정부 시절에도 철저하게 금기시했다. 유족들은 연좌제의 고통에 시달렸다.

2005년, 진실·화해를 위한 과거사 정리 위원회가 생기면서 국민보도연맹 학살 사건에 대한 조사가 시작되고 유해 발굴도 이뤄졌다. 2008년 1월 24일, 노무현 대통령은 울산 국민보도연맹 사건을 비롯한 과거 국가 권력의 불법 행위에 대해 사과했다.

2011년 6월 30일에는 유가족에 대한 손해배상 판결이 내려졌다. 또한 2020년 2월 14일에는 당시 국방경비법 위반 혐의로 사형 선고를 받고 처형된 보도연맹원 6명에 대한 재심에서 '이들이 북한에 호응하는 등 이적 행위를 했다는 증거가 없다'라며 무죄를 선고했다. 판결문에서 대법원은 다음과 같이 말했다–"본질적으로 국가는 그 성립 요소인 국민을 보호할 의무를 부담하고 어떠한 경우에도 적법한 절차 없이 국민의 생명을 박탈할 수는 없다. (국민보도연맹 학살 사건은) 개인에 대하여 국가 기관이 조직을 통하여 집단적으로 자행한, 또는 국가 권력의 비호나 묵인하에 조직적으로 자행된 기본권 침해 (이다)".

의로운 경찰, 문형순

일제강점기와 4·3을 거치면서 제주 사람들은 경찰이라면 치를 떨었다. 그런 제주에 공덕비가 세워진 유일한 경찰이 문형순이다. 문형순은 일제강점기 평안남도에서 태어나 만주로 이주했고, 1919년 신흥무관학교를 졸업한 뒤 독립운동 단체인 국민부에서 활동하다가 해방 후 홀로 남한으로 내려온다.

3·1절 발포 사건 직후 제주에 응원 경찰로 들어온 문형순은 대토벌이 벌어지던 1948년 12월에 새롭게 만들어진 모슬포 경찰서장으로 부임한다. 바로 이때 모슬포 사람들에게 자수하면 용서해주겠다고 약속한다. 자수한 모슬포 사람들은 약속대로 자유를 얻었고 그들은 2005년 모슬포에 문형순 공덕비를 세웠다.

예비검속사건을 고발한 이도영(p.162 참고)은 또 하나의 놀라운 사실도 밝혔다. 제주도 내 4곳의 경찰서에 내려온 〈예비검속자 처형에 대한 극비 문서〉에 대해 단 한 곳의 경찰서장만이 반기를 들었다는 것이다.

"부당하므로 이행하지 않는다"-붉게 쓰인 그 글씨의 주인은 바로 성산포 경찰서장 문형순이다. 수많은 구좌, 성산, 표선 사람들이 그로 인해 목숨을 건졌다. 다른 경찰서에 수감되었던 예비검속자들은 수백에서 수천 명까지 그대로 총살되거나 수장되었다.

수많은 사람들이 이유 없이 학살될 때 문형순은 늘 제주 사람들의 처지를 이해하고 도우려고 했다. 1949년에 자수한 뒤 무죄 판결을 받고 보도연맹 간부로 활동하던 채 노인에게 당시 성산포 경찰서장이던 문형순은 늘 이렇게 말했다고 한다-"서북 애들 눈에 띄면 큰일 나니까 나다니지 마".

문형순은 제주도에 들어온 외지인 경찰 간부 중 유일하게 독립운동가 출신이었다. 2018년 경찰은 국민들의 인권과 생명을 수호한 문형순 서장을 '올해의 경찰 영웅'으로 선정하고 추모 흉상을 제작해 업적을 기렸다.

끝나지 않은
고통

1954년 9월 21일, 남은 무장 대원이 5명에 불과하고 이들의
활동이 거의 없자 무장대를 고립시키기 위해 내렸던 한라산
금족령(출입을 금하는 명령)이 해제되었어. 주민들의 성곽 경비
도 없앴지. 이로써 7년을 끌었던 기나긴 제주 4·3의 막이 내려
졌어.

   중산간 지역의 마을들은 대부분 토벌대의 소개령이나 작전
으로 불태워져서 없어지고 말았어. 이재민이 9만 명에 이르렀
지. 제주 인구의 10퍼센트가 죽고 30퍼센트가 길거리에 나앉

은 거야. 당시 제주도를 다녀온 한 국회의원은 안타까운 마음을 이렇게 표현했어―"이재민은 식량, 의류를 운반할 틈도 없이 피난한 까닭에 문자 그대로 돼지우리처럼 만든 집 속 땅바닥에 건초를 깔고 그냥 기거하며 해초, 산채로써 그날그날을 겨우 연명해가는 형편이고, 집 내외는 악취가 진동하여 견딜수 없었다. 방문하면 하늘을 쳐다보며 눈물만 지을 뿐, 이 가련한 꼴을 바라보는 자 눈물 없이는 볼 수 없었다".

토벌대에게 부모를 잃은 아이들은 빨갱이 자식이란 손가락질을 받아야 했고, 감옥으로 간 부모는 자식과 생이별을 해야했어. 고아가 된 아이들이 넘쳤고, 친척 집으로 가도 냉대를 받았어. 더러는 버려진 채 부모의 뒤를 곧 따라가기도 했지. 집에불을 지르자 수망리 산흥동산으로 도망쳤다 잡혀 1년간 수형생활을 마치고 돌아온 한신화는 고아원으로 보내진 아이를 끝내 만나지 못했어.

금족령이 해제되어 사람들은 고향 마을로 돌아가기 시작했지만 돌아가지 않은 이재민도 절반이나 되었어. 이런 마을을 '잃어버린 마을'이라고 하는데, 영남 마을과 다랑쉬 마을을 포함해 모두 84군데나 돼.

엎친 데 덮친 격으로 한국전쟁 피난민들도 14만 명이나 들어왔어. 전쟁 이후 제주 지역 실업자가 전국 평균의 6배 가까이나 돼. 그래도 제주 사람들은 기꺼이 견뎌냈어. '조냥 정신(절약 정신)'이란 게 제주에는 있거든. 자연재해가 심한 제주에 사는 사람들은 결코 낭비하지 않으며, 그렇게 아끼고 모은 것으로 어려운 시기를 넘겨왔어. 제주에 도둑과 거지와 대문이 없는 것은 이 때문이었지.

학교도 거의 남아나지 않았어. 중산간 지역의 학교는 토벌대가 불태웠고, 토벌대의 주둔지가 많았던 해안 지역의 학교는 무장대가 불태웠거든. 제주 사람들은 힘들고 어려워도 학교를 재건하는 데 온 힘을 다했어. 아이들은 공부를 해야 하니까 말이야. 온평리에는 '학교 바당(바다)'이란 게 있어. 해녀들이 그곳에서 채취한 해산물로 학교를 짓고 운영하는 데 보탰거든. 일본에 있는 제주 사람들도 학교를 위해 아끼고 아낀 돈을 모아 기부금을 보냈어. 제주 마을마다 재일 동포에 대한 감사비가 꼭 있는 것도 이 때문이야.

남자들이 거의 사라진 마을에서 여자들은 물질과 밭일로 아이들을 길러내고 마을을 일으켰어. 북촌 마을의 남은 여자들도 그랬어. 제주 사람들은 모두 이렇게 말해-"그 시절을 어떻게 견뎠는지 몰라. 그냥 살당 보난 살아졌주(살다 보니 살아졌다)".

토벌대에게 죽은 유가족이나 사법 처리를 받은 가족들은 연좌제라는 또 다른 족쇄에 갇혔어. 연좌제는 전근대적인 형벌 제도로 우리나라에서는 갑오개혁 때 없어졌지. 그러다 일제강점기에 '요시찰 명부'라는 것으로 부활해. 이것이 대한민국에서 여전히 적용된 거지.

제주도에서는 2만 7000명의 보도연맹원과 5만 명의 4·3 관련자 가족들이 명부에 올라서 관리됐어. 이들은 공무원이나 교사가 될 수 없었고, 취직도 승진도 어려웠어. 사관학교 입학도 불가능했고 해외여행도 할 수 없었어. 군대를 다녀오고 훈장을 받아도 마찬가지야. 이로 인해 많은 가족이 파괴되고 일부는 자살을 선택하기도 했어. 종달리 채 노인은 자원입대해서 한국전쟁을 치렀지만 5·16 군사 쿠데타가 일어나자 경찰들의 지속적인 압박을 못 견디고 교단에서 물러나야 할 때의 심정을 이렇게 말했어-"정말 가르치는 일을 좋아했지만 하루를 살더라도 마음 편히 살고 싶었어".

대정면사무소 공무원이었던 이현필은 근무 중 영문도 모른 채 끌려가 예비검속자로 섯알오름에서 희생되었어. 그로 인해 그 아들 이도영에게는 연좌제의 굴레가 끈질기게 따라다녀. 해외 유학을 떠나려 해도 비자가 나오지 않는 바람에 가족들마저 고통받았어. 그러면서 아버지의 억울한 죽음에 대해 밝혀야겠다고 생각하게 돼. 어렵사리 미국에 간 그는 그때 막 비밀 해제된 미 국무부 문서를 뒤졌지. 마침내《죽음의 예비검속》(월간 말 발행, 2000)이라는 책을 펴냄으로써 한국전쟁 중 민간인 학살을 고발했고, '국민보도연맹 학살 사건'이 본격적으로 세상에 드러나게 돼.

연좌제는 1980년 제5공화국 헌법으로 공식적으로 사라졌지만 제주에서는 1990년대까지도 그 악몽의 그림자가 이어졌어. 제주 4·3은 그때까지도 철저한 금기의 영역이었거든.

북촌리에서는 한국전쟁에서 전사한 동네 청년의 추도식 날 '아이고, 아이고' 하고 곡소리를 크게 냈다는 이유로 마을 이 장이 경찰서로 끌려가 반성문을 쓰고 나와야 했어. 마을 사람 500여 명이 학살되었지만, 북촌리 사람들은 우는 것도 허락되지 않았어.

무장대로 죽어 무덤도 만들 수 없고 제사도 지낼 수 없는 사람들, 시신을 찾지 못해 장례를 치르지 못한 사람들, 집안이 멸족돼버린 사람들, 억울한 죽음들…. 사람들은 죽은 이들의 넋을 위로하고 한을 풀어주기 위해 '심방(무당)'을 불러 굿을 했어. 유일하게 허락된 굿만이 죽은 자와 산 자를 위로했지.

1978년 소설가 현기영이 〈순이 삼촌〉이라는 소설을 통하여 4·3의 진상과 남은 자의 상처를 그렸어. 하지만 그는 정보 기관에 끌려가 고문을 받아야 했어. 4·3은 소설의 소재로도 삼을 수 없는 절대 금기어였지.

재일 동포
유학생 간첩단
사건과 연극
〈이카이노의 눈〉

일본 오사카에 있는 이카이노 마을은 '일본국 이카이노'라는 주소만으로도 제주도에서 보낸 우편물이 도착하는 곳이었다. '이카이노'는 '돼지를 키우는 마을'이란 뜻으로 일제강점기에 일자리를 찾아 일본으로 떠난 제주 사람들이 정착한 마을이다.

제주 사람들은 큰일을 치를 때면 반드시 돼지 잡는 일부터 시작한다. 제주의 전통을 지키는 데는 돼지가 필요했다. 일본에 사는 제주 사람들은 차별과 멸시와 힘든 노동을 견뎌내기 위해 제주의 전통을 지키며 서로 의지했다.

해방이 되어 고향으로 떠난 사람들은 4·3을 거치면서 더러는 죽고, 더러는 다시 이카이노로 돌아와야 했다. **조총련**[*]의 도

---

[*]　일본에 있는 조선인은 해방과 함께 '재일본 조선인 연맹'이란 전국 조직을 만들었다가 1955년 '재일본 조선인 총연합회'로 이름을 바꾼다. 줄여서 조련, 총련, 조총련이라고 한다. 일본에 있는 한국인들의 권익과 자유를 옹호하는 단체이지만 친북 성향이 강하다.

움으로 그들은 일본인의 차별과 멸시에 맞서 경제적 자립을 하거나 조선인 학교에 아이들을 보냈다. 고향으로 돌아올 수 없게 된 많은 사람들은 북송선을 타고 북한으로 들어가기도 했다.

친북 성향이 강한 조총련에 속한 제주 사람들은 대한민국 정부의 입장에선 간첩으로 조작하기 매우 쉬웠다. 일본에 사는 제주 사람들이 고향 친지들에게 보낸 돈이나 선물은 북한 공작금으로 둔갑되어 간첩 조작 사건의 근거가 되었다. 2006년 천주교 인권위원회 조사에 따르면 우리나라 전체 간첩 조작 사건 109건 가운데 37건이 제주 출신과 관련 있었다. 최근 재심을 통해 하나씩 이들의 무죄가 밝혀지고 있다.

〈이카이노의 눈〉은 1970년대 재일 동포 유학생 간첩단 사건을 배경으로 재일 한국인이 겪는 고민과 갈등을 담은 연극이다. 원수일의 소설《이카이노 이야기》(2006)를 바탕으로 만들어졌는데, 소설에는 일본에 사는 제주 사람들의 적나라한 모습이 해학적으로 그려진다. 이카이노라는 지명은 1973년에 사라졌지만 아직도 오사카에는 전통을 지키며 살아가는 제주 사람들이 많이 있다.

우리는 이제 죄 없는 사람이다

4·3 당시 군사 재판은 두 번 열렸어. 9연대가 철수하기 직전인 1948년 12월에 871명이 군사 재판을 받았고, 사형수 39명이 비밀리에 총살 후 암매장돼. 2연대 또한 철수 직전인 1949년 6~7월에 군사 재판을 열어. 이때는 선무를 우선으로 하던 시기였지만 판결은 오히려 더 강경했어. 재판을 받은 1659명 가운데 345명에게 사형이 언도되었고 이들 중 249명은 고작 석 달 만에 총살 후 암매장되었어.

두 번의 군사 재판은 절차도 지켜지지 않았고, 판결문도 없어. 단 하루의 재판으로 사형이나 무기징역과 같은 중형이 무더기로 선고돼. 사형은 비공개였고, 대통령이 사형을 재가했다는 문서도 존재하지 않아. 군이 저지른 추악한 불법 행위였지.

이 사건은 대한민국 역사상 단일 사건으로는 가장 많은 사람들이 재판에 회부되고 가장 많은 사형 선고가 내려진 사건이었어. 하지만 언론도 국회도 단 한 번도 언급하지 않아. 제주도는 철저하게 외면받고 버려졌던 것이지.

재판을 받은 수형인들은 3만 명에 이르는 즉결 처형된 희생자들보다는 나을지 몰라. 그러나 육지의 교도소에 수감된 많은 사람들은 한국전쟁이 일어나자마자 처형되거나 행방불명되었어. 그렇게 돌아오지 못한 수형인들만 2500명이나 돼.

1987년 민주화 운동 이후 제주 4·3에 대해 알려지기 시작했고, 마침내 2000년 1월에 〈제주 4·3 사건 진상 규명과 희생자 명예 회복에 관한 특별법(4·3 특별법)〉이 공포되었어. 제주 4·3 평화 재단이 설립되었으며, 제주 4·3 평화 공원이 조성되었지. 2003년에는 사건의 진상을 담은 대한민국 정부의 공식

보고서가 확정됐어. 진상 조사 보고서에 근거해 노무현 대통령은 제주도를 방문하여 과거 국가 권력의 잘못을 공식 사과하며 이렇게 말했어-"국가 권력은 어떠한 경우에도 합법적으로 행사되어야 하고, 일탈에 대한 책임은 특별히 무겁게 다뤄져야 합니다. 또한 용서와 화해를 말하기 전에 억울하게 고통받은 분들의 상처를 치유하고 명예를 회복해주어야 합니다. 이것은 국가가 해야 할 최소한의 도리이자 의무입니다. 그렇게 했을 때 국가 권력에 대한 국민의 신뢰가 확보되고 그 위에서 우리 국민들이 함께 상생하고 통합할 수 있을 것입니다".

2014년에는 제주 4·3 희생자 추념일인 매년 4월 3일을 국가 공식 기념일로 지정했고 제주특별자치도는 이날을 지방 공휴일로 지정했어.

1948년 가을부터 1949년 가을까지 불법 구금, 고문 등을 통해 유죄 판결을 받은 생존 수형인들은 70년이 지나 재심을 신청했고, 법원은 이를 받아들였어. 당시 군사 재판이 불법적으로 이뤄진 것을 인정한 것이지. 그리고 2019년 1월 재심 재판부는 무죄 취지의 공소 기각 판결을 내려. 무죄 판결을 받은

4·3 수형인들은 "우리는 이제 죄 없는 사람이다"란 현수막을 들고 70년 만에 비로소 활짝 웃었어.

2021년에는 즉결 처형됐거나 행방불명된 수형인 333명에 대해서도 법원은 전원 무죄를 선고했어. 재판부는 이렇게 덧붙여-"4·3은 극심한 혼란기, 국가 정체성을 찾지 못했던 시기에 발생한 사건으로, 피고인의 목숨마저 희생됐으며 그 유족들은 오랜 기간 연좌제의 굴레 속에서 고통을 당해왔다. … 오늘 판결의 선고로 유족들에게 덧씌워진 굴레를 벗고, 이미 고인이 된 피고인들도 저승에서라도 오른쪽 왼쪽 따지지 않고 마음 편히 둘러앉아 정을 나누는 날이 되길 바란다".

재판정에 있었던 유족들이 흐느꼈고, 홀로 남겨져 삼 남매를 키워낸 101세 현경아 여사는 긴 시간 참아온 눈물을 흘렸어-"제주 경찰서에 끌려간 남편이 너무 춥다기에 옷을 가져다준 후 73년간 보지 못했다. 하늘나라에 있는 남편의 얼굴을 볼 면목이 생겼다".

제주 4·3이 벌어진 7년간 대략 3만 명이 희생되었어. 이들

중 무장대에 의해 희생된 경찰과 우익 단체 회원은 744명으로 이들은 모두 국가 유공자로 예우를 받았어. 이들을 포함하여 무장대에 의한 사망자 수는 2000명을 넘지 못해. 그러므로 나머지 2만 8000여 명은 국가 권력에 의한 희생이라고 볼 수 있어. 이들은 신고를 꺼리거나 일가족이 몰살당해 신고를 못한 경우도 많아서 정확한 수는 파악도 되지 않아.

대한민국 국방부는 2019년 "제주 4·3 특별법의 정신을 존중하며 진압 과정에서 제주도민들이 희생된 것에 대해 깊은 유감과 애도를 표한다"라고 공식 입장을 밝혔어. 민갑룡 경찰청장도 현직 경찰청장으로서는 처음으로 '무고하게 희생된 이들의 영전에 머리 숙여 깊은 애도를 표한다'며 고개 숙여 사죄했어.

다시는 이런 일이 반복되지 않기 위해서라도 많은 사람들이 제주 4·3에 대해 알아야만 해. 그것만이 우리가 희생자들을 위로할 수 있는 길이기도 하니까 말이야.

심리학자 프로이트는 '애도가 충분하지 않으면 유령이 살아난다'고 했어. 억울한 죽음에 대해 우리가 할 수 있는 최선의 애도는 그들을 기억하는 것이라고 생각해. 제주의 하늘을 떠돌던 영령들이 모두 영면하길 엄숙한 마음으로 빌어.

참고 문헌

제주 4·3 사건진상규명및 희생자명예회복위원회	제주 4·3 사건 진상 조사 보고서	제주 4·3 아카이브	2003
제주 4·3 사건진상규명및 희생자명예회복위원회	제주 4·3 사건 자료집 1 (신문 편)	제주 4·3 아카이브	2001
제주 4·3 연구소	이제사 말햄수다	한울	1989
제민일보 4·3 취재반	4·3은 말한다 1~6	전예원	1998
강준만	한국 현대사 산책	인물과사상사	2002
제주민예총 4·3 문화예술제사업단	다랑쉬 굴의 슬픈 노래	도서출판 각	2002
양정심	제주 4·3 항쟁	선인문화사	2008
박명림 외 4인	해방 전후사의 인식	한길사	2006
현임종	보고 듣고 느낀 대로	대동출판사	2013
정병준 외 10인	한국 현대사	푸른역사	2018
제주 4·3 사건위원회	한라산은 알고 있다 (묻혀진 4·3의 진상)		1995
제주문화원	문학 속의 제주	제주문화원	1997

김찬흡	제주 여인상	제주문화원	1998
김찬흡	제주사 인명 사전	제주문화원	2002
제주사랑역사교사모임	청소년을 위한 제주 역사	도서출판 각	2008
김관후	4·3과 인물	제주문화원	2018
4·3 평화재단	4·3과 평화		2010
조남수	4·3 진상		
김석규	녹수생애지		1990
제주작가회의	돌아보면 그가 있었네	도서출판 각	2017
제주도	제주 항일 독립 운동사	제주도	1996
정용욱	해방 전후 미국의 대한 정책	서울대학교 출판문화원	2003
김일우	고려시대 탐라사 연구	신서원	2007
김창후	자유를 찾아서	선인	2008
김상숙	10월 항쟁	돌베개	2016
이영훈, 박지향 외	해방 전후사의 재인식 1~2	책세상	2006
원수일	이카이노 이야기	새미	2006
현기영	순이 삼촌	창비	2015

조천읍지, 대정읍지, 세화리지, 하도향토지, 〈월간 관광 제주〉, 〈월간 말〉, 김익렬 장군 실록 유고

기			
1945년	8월 15일		일본, 연합군에 무조건 항복
			여운형 주도로 조선건국준비위원회(건준) 발족
	9월 6일		조선인민공화국 선언
	9월 9일		맥아더 포고 제1호 발포, 미군정 시작
	9월 10일	제주도 건국준비위원회(위원장 오대진) 결성	
	9월 22일	제주도 인민위원회(위원장 오대진) 결성	
	9월 28일	일본군 제58군 제주농업학교에서 항복 조인식을 가짐	
	10월 10일		군정장관 아널드 소장, 북위 38도선 이남의 유일한 정부는 미군정이라며 인공의 존재 거부 성명 발표

	12월 28일		모스크바 3국 외상 회의
			반탁운동 시작
	승		
1946년	3월 20일		제1차 미·소 공동위원회 개막
	5월 8일		제1차 미·소 공동위원회 무기 휴회
	6월 17일	전국에 콜레라 만연하여 두 달간 콜레라에 의한 제주도 사망자 360명 발생	
	8월 1일	제주도제 실시, 2군 1읍 12면 행정 체제(지사 박경훈)	
	9월 11일	제주감찰청 발족	
	10월 1일		대구 10월 항쟁 발발
	10월 18일	추곡수집량 결정(미곡수집 반대 운동 벌어짐). 제주, 흉년으로 식량난 발생(육지는 쌀 농사 풍년, 제주도만 기후적 요인으로 흉년)	
	10월 29일	과도입법의원 선거에서 전국적으로 제주도에서만 유일하게 좌익계 참가, 문도배·김시탁·이신호를 선출하였으나 이신호는 당선 직후 사퇴	

	11월 16일	국방 경비대 제9연대, 모슬포에서 창설	
	12월 12일	제주 출신 입법의원 문도배·김시탁이 서울 민전회관에서 입법의원 참가 거부 성명 발표	남조선과도입법의원 개원
1947년	1월 11일	재일동포의 기부 물품을 싣고 오던 복시환이 서귀포 근해에서 밀수 혐의로 나포	
	2월 1일	제주 읍내 중·고교생 1천여 명, '양과자 반대' 등 반미 구호를 외치며 관덕정 광장에서 시위	
	2월 5일	<동아일보> 등 중앙지에서 '복시환 사건'을 둘러싼 모리 행위 보도	남조선과도정부 발족(민정장관 안재홍)
	2월 23일	제주도 민전 결성	
		충남·충북 경찰청 소속 경찰관 100명 제주 도착	
	2월 28일		대만 2·28 사건 발생
	3월 1일	제주도 민전 주최 제28주년 3·1절 기념식 개최	
		'3·1 발포 사건' 발생	
	3월 10일	제주도청을 시작으로 민·관 총파업 돌입	
	3월 12일	경무부 최경진 차장, '원래 제주도는 주민의 90퍼센트가 좌익 색채를 가지고 있다'라고 발언	트루먼 독트린

3월 18일	전남·전북에 이어 경기 경찰, 제주도 도착. 응원 경찰 총 422명으로 증가	
3월 19일	조병옥 경무부장, 관덕정 앞에서 벌어진 경찰 발포에 대해 정당방위였다고 주장하는 담화문 발표	
4월 10일	제주도지사에 전북 출신 유해진 발령	
5월 6일	제주검찰청, 송치된 3·1 사건 피고는 328명이라고 발표	
5월 21일		미·소 공동위원회 재개
8월 7일	제주 CIC(Counter Intelligence Corps, 광복 직후 남한에서 활동한 미군 첩보 부대), '극우파 제주도지사는 좌익분자들에게는 인기가 없다. 그의 암살을 요구하는 삐라가 여러 장 뿌려졌다'고 보고	
9월 17일		제2차 미·소 공동위원회 결렬. 미국, 한반도 문제 유엔에 상정
11월 12일	미군정청 특별감찰관 넬슨 중령, 제주도지사 유해진에 대한 특별감찰에 착수. 이 조사는 1948년 2월 28일까지 실시	

	11월 14일		유엔총회, 한반도에서 '인구비례에 의한 총선거'를 실시하자는 미국안 통과
	11월 18일	제주 CIC, '서북청년회 지도자, 제주도에서 자금 모금을 위한 광범위한 테러 행위에 대해 경고를 받고 CIC에 사과했다'라고 보고	
	11월 21일	제주군정청 법무관 스티븐슨과 제주 CIC 대표 메리트, '유해진 지사가 우익 집회를 제외한 어떤 집회도 허가하지 않고 있다'라는 의견서를 특별감찰반에 제출	
	12월 7일	제주 CIC, '경찰 당국이 제주도 경찰에 대해 어떤 조치를 취하지 않는다면 유혈 사태가 일어날 수 있다'라고 상부에 보고	
1948년	1월 8일		유엔한국임시위원단, 서울 도착
	1월 22일	제주 CIC, '제주 경찰이 신촌리에서 열린 남로당 조천지부 불법 회의장을 급습, 106명을 검거하고 폭동지령 문건 등을 압수했다'라고 보고, 5일간 추가로 115명 체포	
	1월 23일	미군 정보팀, '제주도의 좌익은 반미적이 아니며,	

	최근의 테러는 우익이 자행했다'라고 상부에 보고. 김영배 제주경찰 감찰청장, '1·22 검거 사건'과 관련하여 '경찰은 남로당에 가입한 자를 탄압하는 게 아니고 그들의 비합법적 행동에 철퇴를 내리는 것'이라고 발표	
2월 11일	제주에서 방화 1건, 테러 9건, 시위 19건이 발생했다고 발표. 3일 동안 290명 체포	남한 단독선거에 반대해 전국적 총파업 실시, 일명 '2·7 투쟁' 전개로 39명 사망, 8479명 검거
2월 25일		김구·김규식, 김일성·김두봉에게 남북 협상 제의 서한 발송
2월 26일		유엔임시총회에서 '유엔한국위원단이 접근할 수 있는 지역에서 단독선거를 실시하자'라는 미국안 채택
2월 말	남로당 제주도당 강·온파의 논쟁 끝에 12대 7로 무장투쟁 방침이 결정됨	
3월 6일	조천지서에서 조천중학원 학생 김용철, 고문으로 사망	
3월 8일		김구, 남북 협상 제의

3월 11일		김구·김규식·김창숙·조소앙·조성환·조완구·홍명희 등 7인 공동성명으로 5·10 선거 반대
3월 14일	모슬포 지서에서 대정면 영락리 청년 양은하 고문치사 사건 발생	
3월 28일	남로당 제주도당, 4월 3일 무장투쟁 결정	
3월 29일	한림면 금릉리에서 미군정을 비판하던 청년 박행구가 경찰과 서청에 잡혀 즉결처형됨	
전		
4월 3일	무장봉기 발발	
4월 5일	제주비상경비사령부 설치(사령관 김정호 경무부 공안국장)	
	미군정, 미군 함정 동원해 해안 봉쇄	
4월 16일	제주도 인민유격대 총책 김달삼의 명의로 미군정을 상대로 '5·10 망국 단선 반대를 위한 무장봉기 성명' 발표	딘 군정장관, 만 18세 이상 55세 이하 남자는 모두 의무적으로 향보단원이 돼야 한다는 향보단 조직 계획 발표
4월 19일		김구·김규식 등이 참석한 가운데 평양에서 남북 정당·사회단체 연석회의

4월 28일	제9연대장 김익렬과 무장대 총책 김달삼, 평화협상 진행. 72시간 내 전투 중지 등에 합의	
4월 29일	딘 군정장관의 제주도 방문 후 미군정의 정책이 화평보다는 토벌 위주로 선회	
4월 30일		남북 정당·사회단체 연석회의, 남한 단독선거 반대와 미·소 주둔군의 동시 철수 결의 공동성명 발표
5월 1일	'오라리 방화 사건' 발생, 평화협상 파기	
5월 5일	딘 군정장관, 안재홍 민정장관, 조병옥 경무부장, 송호성 경비대사령관, 맨스필드 중령, 유해진 도지사, 김익렬 제9연대장, 최천 제주경찰 감찰청장 등이 모여 이른바 '5·5 최고수뇌회의' 개최	
5월 6일	미군정, 김익렬 제9연대장 해임, 신임 연대장에 박진경 중령 임명	
5월 9일		UP통신, 5·10 선거를 앞두고 남한의 상황은 내전을 방불케 하는 분위기며 '그리스 사태의 완전한 재연'이라고 타전

5월 10일	5·10 선거 실시. 제주도 북제주군 갑·을 2개 선거구는 과반수 미달로 선거 무효	
5월 20일	미군정, 브라운 대령을 제주지구 미군사령관으로 파견	
	경비대원 41명이 모슬포 부대에서 탈영	
5월 28일	유해진 제주도지사가 경질되고 제주 출신의 임관호 임명	
5월 31일		제헌국회 개원. 이승만, 국회의장에 선출
6월 17일	제주경찰 감찰청장에 제주 출신의 김봉호 임명	
6월 18일	박진경 대령, 숙소에서 피살	
6월 23일	조병옥 경무부장, 각계의 경찰 과오 지적을 반박하면서 '근본 원인은 소련의 야심인 조선의 소련 연방화에 있다'라고 강변	
6월 29일		7월 5일까지 평양에서 제2차 남북조선 제정당·사회단체 연석회의 개최
7월 17일		7월 17일, 헌법 및 정부조직법 등 공포

8월 15일		대한민국 정부 수립 공포
8월 21일		해주에서 '남조선 인민 대표자회의' 개회
8월 24일		'한미군사안전잠정협정' 체결, 한국군의 작전통제권은 계속 미군에 귀속
8월 25일	제주도비상경비사령부, '최대의 토벌전이 있을 것'이라는 경고 내용이 포함된 포고문을 발표	
8월 29일	응원 경찰 800명, 제주도에 도착	
9월 8일	제주읍 삼양리 거주 13세 소년, 삼양지서에서 고문치사	
9월 9일		김일성을 수상으로, 박헌영·홍명희·김책을 부수상으로 하는 조선민주주의인민공화국 수립 선포
9월 22일		'반민족행위특별처벌법' 공포. 반민족행위특별조사위원회 구성
10월 1일	광주지법서 제주 4·3 연루자 첫 공판, 22명 중 11명에 무죄 선고	

무장대 총공세 재개

10월 5일	제주 출신 김봉호의 후임으로 평남 출신 홍순봉을 제주경찰청장으로 발령
10월 17일	송요찬 제9연대장, 제주 해안에서 5㎞ 이상 지역에 통행금지를 명령하면서 이를 어길 시 이유 여하를 불문하고 총살에 처하겠다는 내용의 포고문, 일명 '소개령' 발표
10월 18일	제주 해안 봉쇄
10월 19일	여순사건 발생
11월 9일	김두현 제주도 총무국장, 서북청년회 사무실에서 고문을 받다 사망
11월 13일	토벌대, 애월면 하가리에서 25명을, 소길리 원동마을에서 50~60명을 집단 총살하고 가옥 방화를 시작으로 약 4개월간 중산간 마을 초토화·주민들 집단 총살

11월 17일	이승만 대통령, 대통령령 제31호로 제주도 전역에 계엄령 선포	
11월 20일	국방부, 군 작전과 군기(軍機)를 보호하고 보도의 정확성을 기한다는 명분을 내세워 군 관계 기사의 사전 검열을 천명	
11월 28일	무장대, 남원면 남원리와 위미리를 집중 공격해 주민들을 집단 살해하고 가옥에 방화	
12월 1일		국가보안법 공포
12월 3일	1차 계엄고등군법회의 개정. 수형인 명부에는 12월 3일~27일까지 총 12차례에 걸쳐 민간인 871명에 대해 유죄 판결을 내린 것으로 기록됨	
	무장대, 경찰지서 소재지인 구좌면 세화리를 대대적으로 습격해 주민 50명가량을 살해하고 40가호 150채에 방화	
12월 12일		유엔총회, 대한민국 정부를 한반도의 유일한 합법 정부로 승인

	12월 18일	토벌대, 여자 3명과 어린이가 포함된 구좌면 하도리·종달리 주민 10여 명이 숨어있던 다랑쉬 굴을 발견, 굴 속으로 불을 지펴 질식사시킴. 로버츠 고문단장, 이범석 국무총리와 채병덕 참모총장 등에게 서신을 보내 송요찬 연대장의 지휘력을 두고 거듭 칭찬
	12월 21일	토벌대, 함덕리 대대본부에 자수해간 조천면 관내 주민 150명을 제주읍 속칭 '박성내'라는 냇가로 데려가 집단 총살
	12월 31일	제주도지구 계엄령 해제
1949년	1월 1일	무장대, 제주읍 오등리에 위치한 2연대 3대대(서북청년단 출신 부대) 주둔지를 공격. 교전 끝에 무장대원 10여 명 사망, 2연대 장병 7명 전사
	1월 3일	무장대, 제주읍 삼양리· 남원면 하례리· 한림면 협재리를 기습해 주민 살해. 외도지서 경찰과 특공대원들이 무장대로 위장하여 제주읍 도평리에

	진입, 일부 주민들이 속하지 않았음에도 이튿날까지 70명가량을 총살. 함병선 연대장, '소련 선박 제주 해안서 발견'이라고 보고
1월 8일	반민족행위 특별조사위원회(약칭 반민특위) 발족
1월 12일	무장대, 남원면 의귀리에 주둔해있는 2연대 2중대를 습격했으나 패퇴. 전투 직후 군인들은 의귀국민학교에 수용했던 중산간 마을 주민 80여 명을 집단 총살
1월 13일	무장대, 성읍리를 습격해 주민 38명을 살해하고 방화
1월 17일	'북촌리 사건' 발생. 토벌대, 마을 인근에서 군인들이 기습 받은 데 대한 보복으로 조천면 북촌리를 모두 불태우고 이튿날까지 주민 400명가량을 집단 총살
1월 22일	토벌대, 안덕면 동광리 ·상창리 주민 등 80여 명을 서귀포 정방폭포 부근에서 집단 총살
2월 20일	미군사 고문단, '제주읍 도두리에서 민보단원들이 군경의 감독 아래 주민 76명을 죽창으로 찔러 죽였다'라고 보고

결	
3월 2일	제주도지구 전투사령부(사령관 유재흥 대령, 참모장 함병선 제2연대장) 설치
3월 10일	이범석 총리·신성모 내무부 장관, 제주도 시찰
4월 1일	미군보고서, '제9연대는 모든 저항을 발본색원하기 위해 중산간 마을 주민에 대한 대량 학살 계획을 채택했고, 1949년 3월까지 제주도 인명 피해 1만 5000명이며, 게릴라들이 본토나 북한으로부터 병참 지원을 받고 있다는 소문이 있으나 이러한 보고를 증명할 아무런 증거가 없다'라고 발표
4월 9일	이승만 대통령, 부인과 함께 제주도 방문
4월 29일	소개령 해제
5월 10일	북제주군 갑·을 선거구에 대한 재선거 실시
5월 15일	제주도지구 전투사령부 해산. 서북청년회 단원으로 구성된 2연대 3대대 철수
6월 7일	무장대 총사령관 이덕구, 경찰에 의해 사살

	6월 23일	고등군법회의 개최. 수형인 명부에 6월 23일~7월 7일까지 총 10차례 개최돼 민간인 1659명에 대해 '적에 대한 구원 통신 연락 및 간첩죄'를 이유로 유죄를 선고했다고 기록됨
	6월 25일	국민보도연맹 결성
	11월 24일	계엄법 제정·공포
1950년	6월 25일	한국전쟁 발발. 제주도 해병대 사령관이 제주도지구 계엄사령관 겸임
	6월 29일	치안국장, 제주도경찰국장에게 '불순분자 구속의 건'을 하달해 '보도연맹 및 기타 불순분자를 구속, 본관 지시가 있을 때까지 석방을 금한다'라고 명령
	7월 27일	해병대, 예비검속으로 제주읍 주정공장에 수감했던 사람들을 사라봉 앞바다에 수장
	7월 29일	서귀포경찰서 관내에 예비검속됐던 수감자 150여 명을 끌고 나가 바다에 수장
	8월 4일	제주경찰서·주정 공장 등지에 수감되어있던 예비검속자 수백 명을 제주항 앞바다에 수장

	8월 19일	20일 새벽까지 제주경찰서 유치장에 수감되었던 예비검속자 수백 명이 제주비행장에서 총살된 후 암매장	
	8월 20일	모슬포경찰서 관내 한림면·대정면·안덕면 예비검속자 344명 중 252명이 군에 송치돼 송악산 섯알오름에서 집단 총살됨	
	8월 30일	김두찬 해병대 정보참모, 문형순 성산포경찰서장에게 예비검속자에 대한 총살 명령 및 집행 결과를 보고하도록 하는 공문을 시달했으나, 문형순 서장은 '부당함으로 미이행'이라며 거부	
	9월 15일	예비검속자 석방 시작	유엔군, 인천상륙작전 개시
1952년	11월 26일		이승만 대통령, 국무회의에서 '경찰의 예비검속은 공표하지 마라'고 지시
1954년	9월 21일	한라산 금족 구역 해제